ESPELHO, ESPELHO MEU
IMAGEM CORPORAL EM EVIDÊNCIA

Editora Appris Ltda.
1.ª Edição - Copyright© 2020 dos autores
Direitos de Edição Reservados à Editora Appris Ltda.

Nenhuma parte desta obra poderá ser utilizada indevidamente, sem estar de acordo com a Lei nº 9.610/98. Se incorreções forem encontradas, serão de exclusiva responsabilidade de seus organizadores. Foi realizado o Depósito Legal na Fundação Biblioteca Nacional, de acordo com as Leis nos 10.994, de 14/12/2004, e 12.192, de 14/01/2010.

Catalogação na Fonte
Elaborado por: Josefina A. S. Guedes
Bibliotecária CRB 9/870

R484e
2020

Ribeiro, Alexsandro Rabaioli Nunes
 Espelho, espelho meu : imagem corporal em evidência / Alexsandro Rabaioli Nunes Ribeiro. - 1. ed. - Curitiba : Appris, 2020.
 94 p. ; 21 cm. – (Artêra).

 Inclui bibliografia.
 ISBN 978-65-5820-942-3

 1. Imagem corporal. 2. Estudantes universitários. I. Título. II. Série.

CDD - 153.69

Appris
editora

Editora e Livraria Appris Ltda.
Av. Manoel Ribas, 2265 – Mercês
Curitiba/PR – CEP: 80810-002
Tel. (41) 3156 - 4731
www.editoraappris.com.br

Printed in Brazil
Impresso no Brasil

Alex Rabaioli

ESPELHO, ESPELHO MEU
IMAGEM CORPORAL EM EVIDÊNCIA

FICHA TÉCNICA

EDITORIAL	Augusto V. de A. Coelho
	Marli Caetano
	Sara C. de Andrade Coelho
COMITÊ EDITORIAL	Andréa Barbosa Gouveia (UFPR)
	Jacques de Lima Ferreira (UP)
	Marilda Aparecida Behrens (PUCPR)
	Ana El Achkar (UNIVERSO/RJ)
	Conrado Moreira Mendes (PUC-MG)
	Eliete Correia dos Santos (UEPB)
	Fabiano Santos (UERJ/IESP)
	Francinete Fernandes de Sousa (UEPB)
	Francisco Carlos Duarte (PUCPR)
	Francisco de Assis (Fiam-Faam, SP, Brasil)
	Juliana Reichert Assunção Tonelli (UEL)
	Maria Aparecida Barbosa (USP)
	Maria Helena Zamora (PUC-Rio)
	Maria Margarida de Andrade (Umack)
	Roque Ismael da Costa Güllich (UFFS)
	Toni Reis (UFPR)
	Valdomiro de Oliveira (UFPR)
	Valério Brusamolin (IFPR)
ASSESSORIA EDITORIAL	Alana Cabral
REVISÃO	Roberta Braga Chaves
PRODUÇÃO EDITORIAL	Jhonny Alves dos Reis
DIAGRAMAÇÃO	Jhonny Alves dos Reis
CAPA	Gabriella de Campos Borges
COMUNICAÇÃO	Carlos Eduardo Pereira
	Débora Nazário
	Kananda Ferreira
	Karla Pipolo Olegário
LIVRARIAS E EVENTOS	Estevão Misael
GERÊNCIA DE FINANÇAS	Selma Maria Fernandes do Valle
COORDENADORA COMERCIAL	Silvana Vicente

AGRADECIMENTOS

Ninguém vence só, para alcançar algum sucesso ou êxito no que fazemos, inspiramo-nos em pessoas, histórias e apoiamos nossos ombros em quem está do nosso lado, reerguendo-nos nas quedas e impulsionando-nos nos voos. Diante disso, não posso deixar de agradecer a muitos que fizeram parte desse sonho de construir o nosso segundo livro.

Primeiro, dedico este estudo à minha crença em Deus, que me impulsionou a acreditar nos meus sonhos.

Aos diversos movimentos sociais que lutaram/lutam por uma educação de qualidade e acessível a todos, possibilitando-me usufruir de um direito que em outros tempos foi negado à classe trabalhadora do país, hoje possível, a partir das políticas de Acesso e Permanência no Ensino Superior, promulgadas principalmente a partir de 2003.

À minha família: Ilone Rabaioli, Juracy Nunes Ribeiro, Franciele Rabaioli, Magnólia Ribeiro e Michelle Maranduba, pelo apoio cotidiano e amor partilhado em todos os momentos.

Aos meus amigos e colegas, vou arriscar citá-los: Rafael Souza, Daniel Cézar, Tassio do Nascimento, Roberto Rosa, Wellington Souza, Daniel Moraes, Tarcisio Silva, Alex Almeida, Lucas Queiroz, Jakson Souza, Danilo Oliveira, Alessandro Santos, Alex Lopes, João Chaves, Antonio Marcos, Mariana Oliveira, Elisângela Santana, Erik Almeida, Cristiano Souza, Joel Carvalho, Girlândia Sodré e Joseane Ribeiro, pelos momentos de prazer, aprendizado e alegria vividos juntos.

Ao amigo e professor Tosta, pela confiança em todos os momentos e grande auxílio na correção deste segundo estudo.

À amiga Iara Correia e aos colegas Renata Ribeiro e Gabriel Martins, pelo grande estudo na construção da capa e demais aspectos gráficos da primeira edição do livro pela Time Agência de Marketing.

À amiga Eunice Santos, por aceitar o convite de compor a capa deste trabalho.

Aos meus Professores da Escola Municipal Monsenhor Antonio José de Almeida e da Escola Agrotécnica de Amargosa, por acreditarem em meu potencial e me ensinarem a ser, acima de tudo, alguém melhor para os meus semelhantes.

Aos meus professores da Universidade Federal do Recôncavo da Bahia, Centro de Formação de Professores (UFRB-CFP), e da Universidade Federal da Bahia, Programa de Pós-Graduação em Estudos Interdisciplinares Sobre a Universidade (UFBA-PPGeisu), pelos esforços constantes e pela possibilidade de ter me proporcionado uma formação de excelência.

À Prof.ª Dr.ª Dyane Brito Reis, pelo apoio constante na vida acadêmica, acreditando em meu potencial, além das ricas discussões voltadas para as questões étnico-raciais.

Aos atores sociais desta obra, pela paciência e seriedade.

Ao meu orientador de TCC, Prof. Dr. Alex Pinheiro Gordia, pelas ricas reflexões acerca da Educação Física e saúde durante a graduação.

Ao Grupo de Pesquisa em Atividade Física, Antropometria, Saúde e Qualidade de vida. Ao Projeto de Extensão: Atividades Físicas Adaptadas para crianças com deficiência. Ao Grupo de Estudos em Fisiologia do Futebol e Treinamento Esportivo, pelos diversos aprendizados adquiridos ao longo da graduação.

Aos colegas do Grupo Pet Afirmação: Acesso e permanência de estudantes oriundos de comunidades negras rurais no ensino superior, no qual compartilhamos muitos ensejos de aprendizado e ricas abordagens sobre a temática.

Aos colegas da graduação da UFRB, do Centro Universitário Leonardo Da Vinci (Uniasselvi) e do mestrado (UFBA) pelas trocas de conhecimento, pelos risos e estudo constante.

Às professoras Dr.ª Adriana Miranda Pimentel, Dr.ª Marcia Valéria Cozzani e Dr.ª Anália de Jesus Moreira, que trouxeram suas contribuições na pós-graduação, possibilitando a transformação da dissertação em um livro.

Aos meus alunos, pelo compartilhamento da vida e dos aprendizados no cotidiano das aulas.

APRESENTAÇÃO

A realização deste estudo surge das produções sobre imagem corporal (IC) iniciadas no curso de Educação Física na Universidade Federal do Recôncavo da Bahia (UFRB), Centro de Formação de Professores (CFP), e finaliza na dissertação de mestrado realizada na Universidade Federal da Bahia (UFBA), Programa de Pós-Graduação em Estudos Interdisciplinares Sobre a Universidade (PPGEISU) na linha de pesquisa Qualidade de Vida e Promoção da Saúde. Segue abaixo um resumo de cada capítulo do qual você poderá desfrutar:

No capítulo 1, "Introdução", é explanado o conceito de IC nas suas múltiplas facetas, as problemáticas (padrões de beleza, busca por um corpo considerado ideal, insatisfação) em relação ao corpo na sociedade e que adentram o ensino superior, além do direcionamento deste estudo na perspectiva interdisciplinar.

No capítulo 2, "Início da (des)construção da imagem corporal", é traçado um percurso histórico acerca da (des)construção do corpo, buscando explicar como as mudanças foram ocorrendo nos diferentes períodos históricos, desde a antiguidade, passando pela Grécia, Roma, Idade Média, Renascimento, Revolução Industrial, culminando na Modernidade. Nesse capítulo, ainda é apresentado o início das pesquisas sobre a temática e seus principais estudiosos, além de problematizar a relação do corpo com os interesses mercadológicos, trazendo caminhos para desconstruir essa visão.

No capítulo 3, "Estudos acerca da (in)satisfação com a IC em estudantes universitários", são apresentadas as principais evidências sobre a (in)satisfação com a IC nesse público e suas diversas nuances na atualidade.

No capítulo 4, "Observar, escutar e descrever os atores sociais da UFRB-CFP", é feita uma descrição (etnometodológica) das impressões das entrevistas em relação à fala dos estudantes universitários diante da (des)construção da IC no cotidiano da universidade.

O capítulo 5, "(Des)construção da IC: Vivências cotidianas de constrangimento ao corpo durante o percurso formativo", busca abordar o quanto a insatisfação é presente ao longo do processo de formação dos estudantes, delineando quais situações constrangedoras eles experimentaram em relação ao seu corpo no decorrer da graduação.

O capítulo 6, "(In)satisfação com a IC e sua influência na interação e rendimento acadêmico", aponta como a percepção da IC influencia na convivência com os colegas e no rendimento acadêmico, além de discutir a "brincadeira" como forma séria e intencional de atingir o outro, de inferiorizar e de estigmatizar.

O capítulo 7, "O protagonismo (etnometodologia) dos corpos", explicita como os estudantes burlam o sistema hegemônico, demonstrando as formas e estratégias do viver diário, evidenciando que não são idiotas culturais, mas intencionais, protagonistas nas relações com o outro.

No capítulo 8, "Considerações finais", são retomadas as discussões iniciais da obra no tocante aos altos índices de insatisfação com a IC em estudantes universitários, trazendo apontamentos de possíveis caminhos para a mudança dessa situação conjuntural vivida atualmente.

O autor

SUMÁRIO

1
INTRODUÇÃO 11
   1.1 AS AVENTURAS DA PESQUISA 13
   1.2 OLHAR INTERDISCIPLINAR 15

2
INÍCIO DA (DES)CONSTRUÇÃO DA IMAGEM CORPORAL 17
   2.1 (DES)CONSTRUÇÃO DOS PADRÕES DE BELEZA NA ATUALIDADE 22

3
ESTUDOS ACERCA DA (IN)SATISFAÇÃO COM A IC EM ESTUDANTES UNIVERSITÁRIOS 29

4
OBSERVAR, ESCUTAR E DESCREVER OS ATORES SOCIAIS DA UFRB-CFP 35
   4.1 VALDIR 39
   4.2 JUCI 41
   4.3 MÔNICA 44
   4.4 ROBERTO 47

5
(DES)CONSTRUÇÃO DA IC: VIVÊNCIAS COTIDIANAS DE CONSTRANGIMENTO AO CORPO DURANTE O PERCURSO FORMATIVO 51

6
(IN)SATISFAÇÃO COM A IC E SUA INFLUÊNCIA NA INTERAÇÃO E RENDIMENTO ACADÊMICO 67

7
O PROTAGONISMO (ETNOMETODOLOGIA) DOS CORPOS.. 73

8
CONSIDERAÇÕES FINAIS... 81

REFERÊNCIAS 85

VOCÊ É AUTOR (A) DE SUA HISTÓRIA?................................... 93

INTRODUÇÃO

A imagem corporal (IC) se associa à autodescrição mais ampla do indivíduo, incluindo aspectos comportamentais, cognitivos e afetivos, bem como à subjetividade que está interligada com as sensações corporais. Esses fatores ocorrem devido ao contato do sujeito com o mundo externo, além da constante relação que se estabelece no interesse pelo próprio corpo e pelo corpo do outro (SILVA; VENDRAMINI, 2005; PELEGRINI; PETROSKI, 2010). Nesse aspecto, a IC apresenta-se como um indicador relevante na vida do indivíduo. Sendo também conceituada como a maneira pela qual nosso corpo aparece para nós; é a representação mental, a identidade corpórea das experiências vivenciadas ao longo da vida. "O corpo possui memória, história e identidade. É a representação dessa identidade corporal que se conceitua de IC" (TAVARES, 2003, p. 27).

Por refletir histórias de vida e trajetória de um corpo, estruturada numa relação intrínseca com as percepções existenciais no mundo a cada instante, conceituar a IC é compreender a integralidade do sujeito e a ligação dos múltiplos aspectos que permeiam a vida, sejam eles sociais, biológicos e psicológicos. Além disso, as experiências vivenciadas ao longo da história de vida dos indivíduos influenciam na construção positiva ou negativa da IC. Outro fator importante a ser observado aponta a relação indissociável entre Corpo e IC. Neste trabalho, entende-se por corpo um construto em constante processo de transformação e de reflexão:

> Nessa discussão de Corpo precisa-se entender desde já que nós não temos um corpo; antes, nós somos o nosso corpo, e é dentro de todas as suas dimensões energéticas, portanto de forma global, que devemos buscar razões para justificar uma expressão legítima do

homem, através das manifestações do seu pensamento, do seu sentimento e do seu movimento (MEDINA, 1983, *apud* MARTINELI; MILESKI, 2012, p. 12).

Diante disso, este trabalho parte do entendimento de que só podemos estudar o corpo se o observarmos de forma integral, global e alicerçado na sua construção ligada ao momento da sociedade atual. Entendê-lo como sujeito e como totalidade é um dos grandes desafios que as ciências humanas e sociais nos impõem (LÜDORF, 2003). Portanto, nessa relação, o corpo é indissociável da IC e por isso, no decorrer deste livro, esses dois conceitos caminharão lado a lado, ao abordarmos um dos aspectos, os dois estarão interligados e interagindo no conhecimento construído sobre a temática.

Na atualidade, observamos que, na discussão sobre corpo e IC, entra o debate sobre padrões de beleza, criando um interjogo constante entre a energia pulsional e a pressão de ordem social, os anseios e desejos em determinados momentos são evitados por uma construção social comportamental. Diante disso, somos pressionados a concretizar em nosso corpo um padrão ideal disseminado em nossa cultura. "Essa busca desenfreada por um padrão de beleza distancia os indivíduos do contato interno, perdendo a conexão com o corpo real, gerando insatisfação com a IC" (TAVARES, 2003, p. 17).

Além disso, aspectos do mundo social, segundo Adams (1977), discriminam os indivíduos tidos como não atraentes, causando mais dificuldades para se inserir e criar relações saudáveis com outros setores da sociedade. Já as pessoas consideradas atraentes sentem-se mais aceitas, encorajadas a vivenciar experiências e se relacionar com o meio ao seu redor, criando uma imagem mais positiva de si mesmas. Em concordância, Kanno *et al.* (2008) afirmam que a inserção do indivíduo no meio social pressiona-o a se enquadrar no padrão corporal mais aceitável, influenciado pela indústria midiática de beleza e essa relação pode causar sentimento de orgulho ou vergonha, que definirão a relação do sujeito com seu corpo.

A IC, por ser um construto essencial na vida dos sujeitos, traz em uma de suas problemáticas atuais essa busca desenfreada por um padrão de beleza. A partir daí, surgem os diversos procedimentos estéticos. "Não é por acaso que o Brasil vigora na terceira colocação em número de cirurgias plásticas, atrás apenas dos Estados Unidos e México" (NETO; CAPONI, 2007, p. 106). Esse fator econômico da beleza é uma das forças motrizes do consumo na sociedade. Portanto, "a preocupação com a aparência física passa por um espectro que vai da completa submissão a um padrão de beleza superdeterminado até a uma forma de se auto afirmar culturalmente e de criar identidade" (NETO; CAPONI, 2007, p. 106-109). Além do mais, a medicina da beleza, a fim de legitimar sua atuação, traz no seu discurso a garantia de benefícios psicológicos, como a melhora da autoestima e da qualidade de vida.

Os estudantes universitários não passam ilesos a essa situação e sofrem essa influência sociocultural, acarretando um impacto significativo na (des)construção negativa acerca da IC durante o percurso acadêmico. O conceito de (des)construção surge para enfatizar que a IC é modificada, transformada, sendo que para haver construção devem-se desconstruir as percepções do corpo. Nessa perspectiva, a história de vida do ator social com seu corpo se faz do modo contínuo. Esse entendimento faz-se necessário para discussões em outros momentos desta obra.

Diante desse contexto, compreender os altos índices de insatisfação com a IC em estudantes universitários apresenta-se de extrema necessidade. Nesse processo formativo, inquietações com o corpo surgem a todo instante e entendê-las é fundamental para a abertura de novos conhecimentos sobre a temática. É importante explicitar que os principais estudos acerca da percepção da IC em acadêmicos apontam níveis altos de insatisfação; essa relação conflituosa com o corpo durante o processo formativo carece de aprofundamentos. Eis que esta produção buscou desvelar essa (des)construção no cotidiano acadêmico.

1.1 AS AVENTURAS DA PESQUISA

Pesquisar é um ato de coragem e determinação, pois requer constantemente disciplina, organização, reflexão e comprometimento.

Kaufmann (2013) faz uma analogia entre a pesquisa e uma investigação policial, da mesma forma a investigação científica deve encontrar indícios, confrontar informações, imaginar motivos, recolher provas. Essa discussão comunga com a reflexão feita pela Prof.ª Dr.ª Georgina Gonçalves dos Santos da UFRB, em uma das suas falas durante o III Colóquio Internacional do Observatório da Vida Estudantil, realizado na UFBA. Ela apontava que, ao pesquisar, devemos ser "grandes mergulhadores" que não se contentam com pequenas profundidades, que desejam ir o mais profundo nos oceanos para encontrar o que não se vê na superfície. Assim é a aventura da pesquisa, necessidade de aprofundamento, não sermos rasos em nossas convicções, mas astutos e encorajados a olhar e "ver o que os olhos não dizem" (Informação verbal)[1].

Portanto, nessas aventuras do ser pesquisador e do conhecimento investigativo nos estudos, estamos há 10 anos (desde o início da graduação) buscando respostas para as dúvidas que surgem, mergulhando em mistérios, alguns já desvendados e outros carecendo de novas descobertas sobre o corpo e o processo de (des)construção da IC. Esse ato, ao mesmo tempo flexível e rigoroso, atento e imerso no objeto que se investiga, é essencial.

Diante disso, Bauer e Gaskell (2011) fazem uma analogia da investigação científica a um jogo de futebol, e apontam a necessidade de os pesquisadores serem mais que meros expectadores que agem pela emoção e pela paixão ao futebol. Do mesmo modo, devemos estar atentos ao que se produz em nosso campo de estudo e tratarmos nosso objeto investigativo com uma paixão que observa para além do que aparenta ser, ou seja, uma aproximação que não naturalize o objeto, assim como naturalizamos assistir a um jogo de futebol. Nessa problemática os autores nos apontam justamente que uma cobertura adequada dos acontecimentos sociais exige muitos métodos e dados:

---

[1] Dr.ª Georgina Gonçalves dos Santos, III Colóquio Internacional do Observatório da Vida Estudantil: avaliação do Ensino pelo estudante e qualidade no ensino superior, realizado na cidade de Salvador-BA, entre os dias 12 a 14 de agosto de 2015.

A investigação da ação empírica exige, a observação sistemática dos acontecimentos, inferir os sentidos desses acontecimentos das auto-observações dos atores e dos telespectadores, exige técnicas de entrevista e a interpretação dos vestígios materiais que foram deixados pelos atores e espectadores, exige uma análise sistemática (BAUER; GASKELL, 2011, p. 18).

Diante desse percurso repleto de desafios, vos convido a mergulhar na leitura deste livro, que nasce justamente da coragem de ir além.

1.2 OLHAR INTERDISCIPLINAR

Ao discutir padrões de beleza na atualidade e seu impacto nas universidades, optou-se por uma abordagem interdisciplinar para este trabalho, utilizando como concepção o conceito de *Policompetência* do pesquisador, no qual Morin (2003), afirma que, intelectualmente, as disciplinas são plenamente justificáveis, desde que preservem um campo de visão que reconheça e conceba a existência das ligações e das solidariedades. E mais, só serão plenamente justificáveis se não ocultarem realidades globais. Este trabalho está de acordo com essa concepção, pois o campo temático chave dessa discussão nos remete principalmente à área da saúde, em específico, discussões de Corpo e Estética, área de domínio da Educação Física, dialogando com outras vertentes do conhecimento, como as Ciências Sociais e a Saúde Coletiva com as discussões de Promoção da Saúde na universidade, ou seja, um pesquisar que deve compreender a importância do diálogo e da troca entre diferentes áreas do saber.

Além disso, Alvarenga *et al.* (2011) apresentam que os fenômenos complexos devem ser estudados de maneira ampla ou em sua integralidade. Recursos utilizados por pesquisadores solitários, com formação centrada de maneira exclusiva nas disciplinas específicas e muitas vezes com um único viés teórico metodológico não dão conta de aprofundamento das pesquisas interdisciplinares. "Somente uma visão crítica a respeito do processo de produção do conhecimento disciplinar, permitirá uma abertura para se transpassar barreiras e propiciar encontros e cruzamentos fertilizadores" (ALVARENGA *et al.*, 2011, p. 64). Portanto, a opção nesse momento parte dessa concepção epistemológica de analisar os objetos corpo e IC pelas lentes da interdisciplinaridade.

2

INÍCIO DA (DES)CONSTRUÇÃO DA IMAGEM CORPORAL

Retomando aqui o conceito de (des)construção, fica evidente a necessidade de compreender que a IC, nessa perspectiva, aponta para a valorização do desconstruir para construir; essa concepção é uma forma de viver na contramão da visão hegemônica de corpo que delimita, aprisiona e estereotipa modos de ser e estar no mundo, pois para que o ator social encontre o equilíbrio e satisfação corporal, precisa refletir e reorganizar pensamentos e concepções sobre si mesmo e sobre o outro, nesse movimento histórico constante a busca pelo prazer faz-se necessária.

No Mito de Narciso, fica evidente a preocupação com a (des) construção da IC desde a antiguidade. No trecho a seguir, o belo, atraente, cobiçado corpo e suas "perfeições" faziam parte do contexto daquele povo:

> Havia, não muito longe dali uma fonte clara, de águas como prata. Os pastores não levavam para lá seu rebanho, nem cabras ou qualquer outro animal a frequentava. Não era tampouco enfeada por folhas ou por galhos caídos de árvores. Era linda, cercada de uma relva viçosa, e abrigada do sol por rochedos que a cercavam. Ali chegou um dia Narciso, fatigado da caça, e sentindo muito calor e muita sede. Narciso debruçou sobre a fonte para banhar-se e viu, surpreso, uma bela figura que o olhava de dentro da fonte. "Com certeza é algum espírito das águas que habita esta fonte. E como é belo!", disse, admirando os olhos brilhantes, os cabelos anelados como os de Apolo, o rosto oval e o pescoço de marfim do ser. Apaixonou-se pelo aspecto saudável e pela beleza daquele ser que, de dentro da

fonte, retribuía o seu olhar. Não podia mais se conter. Baixou o rosto para beijar o ser, e enfiou os braços na fonte para abraçá-lo. Porém, ao contato de seus braços com a água da fonte, o ser sumiu para voltar depois de alguns instantes, tão belo quanto antes. Por que me desprezas, bela criatura? E por que foges ao meu contato? Meu rosto não deve causar-te repulsa, pois as ninfas me amam, e tu mesmo não me olhas com indiferença. Quando sorrio, também tu sorris, e responde com acenos aos meus acenos. Mas quando estendo os braços, fazes o mesmo para então sumires ao meu contato. Suas lágrimas caíram na água, turvando a imagem. E, ao vê-la partir, Narciso exclamou: - Fica, peço-te, fica! Se não posso tocar-te, deixe-me pelo menos admirar-te. Assim Narciso ficou por dias a admirar sua própria imagem na fonte, esquecido de alimento e de água, seu corpo definhando. As cores e o vigor deixaram seu corpo, e quando ele gritava "Ai, ai", Eco respondia com as mesmas palavras. Assim o jovem morreu (MITO DE NARCISO: A FONTE DA VAIDADE, 2017, p. 1-2).

Diante disso, Ubinha e Cassorla (2003) apontam que, desde a Grécia Antiga, já se valorizava a IC. Pode-se observar esse culto ao corpo de forma latente no Mito de Narciso, que apresenta a história de um "jovem belo" que a todo instante admirava sua própria imagem refletida num lago, demonstrando a preocupação que os gregos tinham com a aparência. Nesse período, era nítida a valorização que se dava à manutenção de corpos esbeltos e torneados. Esses costumes representavam a necessidade de seguir padrões impostos pelas influências mitológicas e sociais daquela época. As atividades físicas, constituídas através das Olimpíadas, claramente influenciavam o modo de viver daqueles sujeitos, pautando suas relações na aparência. Todas essas formas de manutenção das relações interpessoais estavam interligadas ao objetivo de conseguir a obtenção da glória individual.

No entanto, na Idade Média, esse livre-arbítrio de expressar os sentimentos por meio das atividades corporais não se constituía mais um ato de liberdade e obtenção da glória individual, sendo influenciado pela Igreja, para a qual valorizar o corpo era considerado pecaminoso, abominável. Esse modo de viver foi fortemente enraizado nos indivíduos, pois o corpo, que antes era tido como belo e atraente, agora deveria ser colocado de lado, o ato de ter vaidade era considerado diabólico (SCHMIDT, 2001).

O sistema em questão perpassou todo esse período, por isso a Idade Média foi uma época em que a IC foi mais desvalorizada. "Imagem do corpo está, igualmente cheia de sentido, que é a imagem do ser humano pecador" (CORBIN; COURTINE; VIGARELLO, 2010, p. 20). Diante desse contexto cultural, a expressão corporal e os desejos ficavam em segundo plano, a ordem religiosa de cunho cristão dominava o pensamento ideológico da época. Período esse fortemente marcado pela repressão da sexualidade e das manifestações que envolvessem o prazer do corpo.

O Renascimento (entre os séculos XIV e XVI) foi outro movimento importante nesse processo de (des)construção social da IC, no qual novas concepções sobre o corpo surgem, colocando a pessoa humana no centro, seja nas artes, na filosofia e nas ciências. "A beleza entrou na modernidade". Um dos fortes movimentos do novo momento supracitado traz os quadros como aguçador da aparência (CORBIN; COURTINE; VIGARELLO, 2010).

Acompanhado dessas transformações, principalmente da mudança do sistema feudal para o sistema capitalista, a evolução dos estudos acerca da IC começa a partir da primeira revolução industrial. A partir do século XVIII, os modos de produção, que antes eram obtidos pela manufatura, passaram a ser produzidos em série, ocasionando a mudança da conjuntura social e aumentando exageradamente a produção, principalmente após a criação de máquinas a vapor, fato que impulsionou uma nova forma de consumo naquele período. Com essas mudanças, a população passou a ser influenciada pelos interesses da burguesia, que, com o intuito de aumentar a linha de produção, incentivou a criação de formas de viver e vestir padronizados, excluindo os que estivessem fora desse modelo. De um lado, os (as) operários(as) que fabricavam os produtos, mas não tinham acesso ao básico para a sobrevivência e, do outro lado, a minoria burguesa, detentora do poder econômico, que tentava ditar a moda e os costumes (SCHMIDT, 2008). "À sociedade da produção segue-se a do consumo, na qual a percepção do corpo é denominada pela existência de uma vasta gama de imagens que propõem padrões de representação corporal" (VILLAÇA; GOES, 1998, p. 39).

Portanto, apesar da IC repercutir a partir da primeira revolução industrial, foi somente nos séculos XIX e XX que tal tema passou a ser encarado como conhecimento científico (BARROS, 2005). Como destaque, surge o fenômeno do membro fantasma, que despertou grande interesse dos pesquisadores. Provavelmente, as primeiras definições e estudos aconteceram na França, com o médico e cirurgião Ambroise Paré (1509-1590) que, ao observar pessoas que acabavam de perder os membros mutilados nas guerras civis daquela época, notou que eles mentalmente acreditavam estarem movimentando os braços, mesmo esses tendo sido amputados. Esse estudo foi fundamental para alavancar e problematizar a influência da IC no cotidiano das pessoas (BARROS, 2005).

No entanto, a compreensão dos neurologistas referente à IC, por muito tempo, foi vista de forma fragmentada, dividindo as concepções do corpo em áreas desconectadas do cérebro, com ênfase na localização dos centros de controle e no reconhecimento da forma pela qual ocorre a percepção corporal e não pelo viés da integralidade apontada nos estudos mais atuais. Alguns pesquisadores, como Paul Schilder, Merleau-Ponty, Le Boulch e Lapierre, passaram a investigar o tema por um viés integrador que apresentava uma visão da IC associada à identidade do indivíduo e que se desenvolve de forma interdependente entre os aspectos fisiológicos, sociais e psicológicos, apresentando o quão complexo é esse fenômeno (TAVARES, 2003).

Para a idealização do termo 'imagem corporal', alguns estudiosos formularam outras concepções sobre esse construto. Segundo Tavares (2003), o neurologista Henry Head, do London Hospital, foi o pioneiro ao usar o termo 'esquema corporal'. Ele consolidou o significado do termo propondo que cada indivíduo constrói um modelo de si, que constitui o padrão de comparação e exigência básica, para a coerência na execução de cada nova postura ou movimento corporal. Esse modo de compreender a IC, passível de mudanças e se reconstruindo a cada nova vivência, foi importante para abranger a interpretação de outros tipos de experiências.

Outro estudioso que, segundo Ribeiro, Tavares e Caetano (2012), foi um dos pioneiros ao investigar o fenômeno da IC de forma detalhada, foi Seymor Fisher, que nas suas discussões centrais, reflete o corpo como objeto psicológico, sendo que a organização das percepções corporais afeta comportamento, significados e percepções que o indivíduo atribui a seu próprio corpo, de forma que os valores e as expectativas interferem diretamente nos aspectos comportamentais.

Seymor Fisher formulou, em 1968, o conceito de Fronteiras Corporais, referindo-se às diferentes maneiras pelas quais os indivíduos atribuem firmeza e definição a sua superfície corporal. Essa teoria afirma que as bordas do corpo seriam responsáveis por intermediar as relações do sujeito com o mundo. O autor sistematizou as principais tendências sobre o desenvolvimento das percepções corporais que emergiram dos estudos da época (RIBEIRO; TAVARES; CAETANO, 2012).

Seymor Fisher, durante seus anos de estudo, afirmava que as representações mentais das percepções corporais vão, aos poucos, fazendo a criança se perceber como um ser único e separado do mundo que o cerca. Essas fronteiras corporais delimitam distâncias e proximidades, oferecem a noção de um corpo seguro, protegido e menos vulnerável. Essas primeiras percepções corporais definiram o modo pelo qual o sujeito interpreta e interage com o mundo e as múltiplas formas de reagir a determinado estímulo, sendo que esses aspectos se fundamentam no princípio da manutenção de um corpo seguro (RIBEIRO; TAVARES; CAETANO, 2012).

Nas pesquisas mais atuais, destaca-se a obra de Paul Schilder, "A Imagem do Corpo" (1999), trazendo uma abordagem organizada do tema IC obtida por meio dos seus esforços ao estudar as áreas de neurologia, psicanálise e filosofia que, fortemente, influenciaram sua obra. Schilder conceitua esse fenômeno como a dimensão que temos de nossos corpos mentalmente, inovando o pensamento sobre o assunto quando afirmou que a imagem que formamos é influenciada não só pelos fatores biológicos, mas também pelas relações sociais que se estabelecem com o indivíduo (SCHILDER, 1999).

Outros autores também já tinham essa concepção integrada da IC. Shontz (1990 *apud* BARROS, 2005) afirma que a IC não é composta puramente por sistemas neurológicos e mentais. Acredita-se também que as emoções exerçam um papel importante no desenvolvimento desse componente. Gardner (1996 *apud* KAKESHITA; ALMEIDA, 2006) também entendia que o componente subjetivo da IC exercia influência acerca dos níveis de satisfação criados no imaginário dos indivíduos.

Nota-se que esses autores já compreendiam que a IC perpassa por fatores que extrapolam o aspecto biológico, abrangendo as diversas vivências que o sujeito tem com o seu corpo e com o corpo construído socialmente. Slade (1994 *apud* ALMEIDA *et al.*, 2005) considerava que a IC pode ser influenciada por diferentes fatores, tais como: transtornos emocionais, início da obesidade e aspectos sociais, que pressionam os indivíduos a seguirem os interesses padronizados da sociedade e não o seu desejo. Sendo assim, a IC poderá se tornar para essas pessoas, alvo de insatisfação com sua própria aparência.

O estudo de Cash e Prusinsky (1990) ratifica a influência de múltiplos fatores na construção da IC, ao afirmar que a mesma é formada por quatro dimensões: cognitiva, afetiva, comportamental e perceptiva, ou seja, existe relação intrínseca com os aspectos que permeiam a sociedade e a influência exercida pelo ambiente em que a pessoa vive.

2.1 (DES)CONSTRUÇÃO DOS PADRÕES DE BELEZA NA ATUALIDADE

A (des)construção da IC passa por diversas transformações e acontecimentos que confirmam a necessidade de ser compreendida de forma integral e que se reconstrói a cada experiência, em tempos históricos e culturais diferentes. Os processos de (des)construção dos padrões de beleza na atualidade, segundo a pesquisadora Wolf (1992), surgem a partir de 1830, quando se consolidou o culto à domesticidade e inventou-se o código da beleza.

> Pela primeira vez, novas tecnologias tinham condição de reproduzir em figurinos, daguerreótipos, ferrotipias e rotogravuras imagens de como deveria ser a aparência das mulheres. Na década de 1840, foram tiradas as primeiras fotografias de prostitutas nuas (WOLF, 1992, p. 18).

Outro marco importante dessa nova concepção de corpo e estética:

> [...] surge a partir do início do século XX, momento este marcado na história com todos os eventos que cercaram a nova moda, revistas, concursos, contratos para apresentações públicas e etc. Determinou a voga do *bodybuilding*, termo que passou a descrever a construção da massa muscular, instaurando uma ideia de perfectibilidade (VILLAÇA; GOES, 1998, p. 60-61).

Portanto:

> A generalização da cultura narcísica que tem no bodybuilding uma de suas mais evidentes expressões se revela paradoxalmente, na multiplicação de academias, das revistas, dos spas, dos centros estéticos, das clínicas de embelezamento, nos tratamentos fisioterápicos, técnicas, de ginástica (alongamento e relaxamento), onde a tônica é o imperativo que se percebe nas chamadas: "emagrecer ou emagrecer", "controle a boca", "jogo pesado contra celulite e flacidez", um cardápio com poucas opções" etc. (VILLAÇA; GÓES, 1998, p.63).

"À sociedade da produção segue-se a do consumo, na qual a percepção do corpo é denominada pela existência de uma vasta gama de imagens que propõem padrões de representação corporal" (VILLAÇA; GOES, 1998, p.39). A partir dessa conjuntura da criação de necessidade e desejos aliados aos novos processos de produção da revolução industrial, o corpo ganha destaque como meio de se propagar o lucro e a venda. Diante desse contexto, a inserção do indivíduo no meio social pressiona-o a se enquadrar no padrão corporal mais aceitável. Essa relação pode causar sentimento de orgulho ou vergonha, que definirá a relação do sujeito com seu corpo (KANNO et al., 2008). Além disso, a múltipla relação com a IC acaba interferindo nos estilos de vida, que se constituem como primordiais, em virtude de serem as chaves mestras da vida e da ação humana, e simultaneamente uma importante variável na construção e promoção da saúde (GONÇALVES, 2004).

Portanto, segundo Wolf (1992), nessa conjuntura prevalece a relação mercadológica com suas poderosas indústrias de dietas, cosméticos e cirurgias plásticas e sua influência sobre as culturas de massa. "Enquanto o horário nobre da televisão e imprensa em geral dirigida às mulheres for sustentado pelos anunciantes de produtos de beleza, o enredo será ditado pelo mito da beleza" (WOLF, 1992, p. 336). Com uma crítica veemente, a autora aponta a necessidade de uma reinterpretação da beleza que negue a competição, a hierarquia e a violência.

Esse aspecto da construção de uma hegemonia do belo também pressiona os homens nessa busca incessante por um padrão de beleza construído socialmente, principalmente pela obsessão pelas academias e pela busca de corpos másculos, fato esse que acaba construindo uma relação de submissão ao invés de libertação que a atividade física pode ocasionar. Homens também aumentam as estatísticas de busca por cirurgias plásticas e pelo mercado dos suplementos alimentares. Pesquisas realizadas nos Estados Unidos indicam que a insatisfação com o corpo nos homens deixa de ser um incentivo e transforma-se numa obsessão doentia. "Por mais que treinem, sequem ou fiquem fortes, desenvolvem preocupações irrealistas, constantes e angustiantes de que seu corpo seja feio, desproporcionado, miúdo ou gordo" (MARTINS; ALTMANN, 2007, p.

32-35). Portanto, os autores apresentam o conceito de insubmissão, que valoriza dimensões mais críticas e criativas de nossa existência corporal neste campo de relações, a fim de romper com a visão consumista vigente.

Nos dias atuais, cabe destacar o conceito apresentado pelo sociólogo Bauman (2004), que ao discutir a sociedade na sua obra intitulada "Amor Líquido: Sobre a fragilidade dos laços humanos", nos traz uma reflexão do quanto as relações interpessoais estão fragmentadas e se desfazendo pelas relações em rede (internet, redes sociais, chats, blogs). Esse modo de viver dos indivíduos gera uma experiência sem criação de referências, na qual se fragilizam os sujeitos e os deixam vulneráveis aos interesses dos meios de produção e da mídia. Percebe-se que mesmo em meio aos avanços tecnológicos, o sujeito não foi capaz de diminuir os níveis de insatisfação com a IC (KAKESHITA; ALMEIDA, 2006; COQUEIRO *et al.*, 2008; GONÇALVES *et al.*, 2008).

Essa dinâmica social, onde nada é sólido, origina sujeitos frágeis e reféns das relações superficiais, gerando uma relação conflituosa com a própria imagem. Dentre as problemáticas apontadas, o estágio do espelho fica evidente, levando os indivíduos a retocarem seus corpos de múltiplas maneiras: por deformações, mutilações, tatuagens, escarificações maquiagens, cosméticos, vestimentas e cirurgias estéticas.

Diante desse contexto, "a era da modernidade líquida" criou um mundo repleto de sinais confusos, propenso a mudar com rapidez e de forma imprevisível; essa forma de relacionamento é fatal para nossa capacidade de amar, seja esse amor direcionado ao próximo, nosso parceiro ou a nós mesmos. Nesse aspecto, não se conseguiu amar o próximo, respeitar as singularidades, o valor das diferenças que enriquecem o mundo, tornando-o um lugar mais fascinante e agradável, acaba que ficando apenas no projeto e não se concretizando de fato (BAUMAN, 2004). Por isso, esse período é compreendido como a busca desenfreada pelo padrão inatingível de beleza, que "traz a destruição dos indivíduos que a todo custo almejam estar dentro das normas do belo e atraente, a fim de atenderem os anseios da sociedade do consumismo" (CURY, 2005, p. 39).

Nesse processo de construção de espaços de poder na sociedade atual, o corpo humano é um alvo, porque pode ser adestrado, aprimorado. Portanto, o poder está para além do aspecto repressivo, o que interessa não é simplesmente retirá-lo da vida social, mas gerir, controlar, dominar e neutralizar os efeitos de contra poder, a fim de tornar os homens dóceis politicamente. Esse poder disciplinar é uma técnica, um dispositivo ou mecanismo, um instrumento de poder, são métodos que permitem o controle minucioso das ações do corpo, criando uma relação de docilidade (FOUCAULT, 2002). Nesse contexto, encontra-se um novo investimento que não tem somente a forma de controle ou repressão, mas de controle e estimulação. "Fique nu, mas seja magro, bonito e bronzeado" (VILLAÇA; GÓES, 1998, p. 45).

Por isso, torna-se importante a construção da genealogia como estrutura de saberes próprios, um investimento para libertar da sujeição os saberes históricos, isto é, torná-los capazes de oposição e de luta contra a coerção de um discurso teórico, unitário, formal e científico. Em "favor da reativação dos saberes locais e menores" (FOUCAULT, 2002, p. 172). Ao trazer esse fator para a luta contra a quebra de padrões de beleza hegemônicos e da valorização das múltiplas belezas, o poder exerce uma relação de forças e de confronto. Diante disso, que seja possível lutar contra a indústria cultural da beleza e "quebrar" os padrões impostos pela mídia. Suscitar as concepções de Foucault (2002) para as discussões de corpo é compreender que existe um poder maior agindo, esse poder dentro da construção da IC diz respeito à busca desenfreada por um padrão de beleza tido como mais atraente e que aliena os indivíduos e de igual forma os estudantes universitários, que ao buscarem esse corpo ideal, acabam perdendo de vista a importância das múltiplas referências de beleza.

Portanto, para superar essa hegemonia de uma cultura e modo de viver em nossa sociedade, necessita-se de reflexões do multiculturalismo, que segundo Munanga (2012), traz a importância do respeito e valorização das diferentes culturas. Assim sendo, cabe destacar que são as diversidades que devem ser potencializadas em detrimento de um modo único de ser e viver. Nessa discussão, o multiculturalismo representa:

> Justamente essa corrente de pensamento, filosofia, visão do mundo ou ideologia que defende o reconhecimento público da existência das diferenças no seio de uma nação (MUNANGA, 2012, p. 7).

Em contraposição, existe uma concepção que objetiva a hegemonia de uma cultura em detrimento de outras. Nesse interjogo constante, pode surgir a rejeição de outra comunidade ou cultura (MUNANGA, 2012). Ao fazer essa analogia com a universidade, é comum observar que existe uma padronização de um biótipo considerado belo, uma visão generalista do corpo que impulsiona os discentes a buscar enquadrar-se nas normas socialmente aceitas. Diante disso, principalmente o estudante negro, oriundo das classes mais pobres e todos os demais que estão à margem do que se considera um corpo ideal, sofrem preconceitos. Para romper com essa concepção, torna-se importante:

> Que nesse processo de construção da identidade coletiva negra, é preciso resgatar sua história e autenticidade, desconstruindo a memória de uma história negativa que se encontra na historiografia colonial ainda presente em "nosso" imaginário coletivo e reconstruindo uma verdadeira história positiva capaz de resgatar sua plena humanidade e autoestima destruída pela ideologia racista (MUNANGA, 2012, p. 10).

Outro fator importante nessa problemática vai ao encontro do que a professora Nilma Lino Gomes aponta em seus estudos sobre corpo e negritude:

> Alguns depoentes, ao falarem sobre a sua relação com o cabelo, relembraram as experiências vividas nesse ciclo da vida e falaram da sensação de "desencontro", de mal-estar e de desconforto em relação ao

seu tipo físico, seu cabelo, sua pele e sua cor, vivida na adolescência. Dependendo do sujeito e da sua forma de lidar com essa experiência, temos, hoje, um adulto que acumula certos traumas raciais ou que lida com desenvoltura diante dos seus dilemas (GOMES, 2002, p. 47).

Portanto, parece-nos coerente que as intervenções acerca da aceitação da identidade racial devam se iniciar desde o período de escolarização, pois nessa fase os conflitos acabam se apresentando de forma mais intensa, principalmente pela inserção em novos espaços que antes os estudantes não ocupavam. Nesse sentido, "os espaços educacionais podem atuar tanto na reprodução de estereótipos sobre o negro, o corpo e o cabelo quanto na superação dos mesmos" (GOMES, 2002, p. 47).

Em concordância, a pesquisadora Watkins (2005) mais conhecida pelo pseudônimo de Bell Hooks ressalta que esse processo surge como uma luta histórica, em todo esse percurso os negros apresentaram estratégias de resistência e luta, não aceitando as imposições de seus perseguidores. Não é diferente no espaço universitário, essa resiliência é constante pela busca de "um lugar ao sol". Nas ações do cotidiano, os estudantes necessitam mostrar a cada dia suas potencialidades e romper com a lógica hegemônica dos padrões de beleza impostos na cultura dos espaços acadêmicos.

Viver a universidade em suas várias dimensões, dentre os possíveis caminhos, nos parece uma das mais significativas estratégias. Nesse sentido, Souza (2016) aponta para a importância da inserção em espaços extra sala de aula, os grupos de pesquisa, extensão e outros, que auxiliam nesse sentido de pertencimento e aceitação da identidade no âmbito acadêmico, encorajando os estudantes a enfrentarem os preconceitos e constrangimentos vivenciados ao longo de sua formação.

Portanto, nas discussões a seguir serão apresentados os principais estudos acerca da (in)satisfação com a IC em estudantes universitários que irão nortear outras problemáticas importantes e urgentes sobre a temática.

3

ESTUDOS ACERCA DA (IN)SATISFAÇÃO COM A IC EM ESTUDANTES UNIVERSITÁRIOS

Diante desse contexto, onde os indivíduos vivem na era da globalização e do acesso a informações variadas, torna-se importante compreender as transformações ocorridas na atualidade no que se refere à IC e, para além disso, refletir sobre a influência que a mídia (televisão, internet, rádio, jornais e redes sociais) vem exercendo sobre o corpo. Essa luta constante entre a satisfação e a insatisfação demonstra que os estudantes não aceitam passivamente essa condição. Compreender essa perspectiva possibilita um olhar dinâmico e crítico sobre a temática. Estudos transversais realizados em universitários brasileiros apontam que os níveis de insatisfação com a IC estão acima de 70% (KAKESHITA; ALMEIDA, 2006; COQUEIRO, 2008; GONÇALVES, 2008; BOSI et al., 2008; QUADROS et al., 2010; MARTINS et al., 2012; FERRARI et al., 2012; MIRANDA et al., 2012; CARVALHO et al., 2013; RIBEIRO; GORDIA; QUADROS, 2016). Fator esse que parece iniciar-se na educação básica, principalmente a partir da adolescência, fase na qual o estudante se apropria dos códigos ditados pela indústria cultural da beleza (ALVES, 2008; AL SABBAH et al., 2009). Diante desse momento importante de desenvolvimento dos jovens e das influências midiáticas sobre a percepção da IC, combater esse sentimento de vergonha impregnado por um padrão de beleza torna-se necessário nos espaços de ensino formais e informais (MORENO et al., 2006).

Já no ensino superior, parece que existe um conflito entre a IC real, ou seja, a que o estudante possui, com a IC desejada, ao mesmo tempo em que no espaço acadêmico existem padrões de identidades corporais (branco (a), musculoso para os homens e magra para as mulheres) hegemônicos, que acabam excluindo aqueles que não se encaixam em um corpo tido como atraente e belo (STEPHAN; FOUQUEREAU; FERNANDEZ, 2008). O estudo feito por Ribeiro, Gordia e Quadros (2016) vem confirmar essa preocupação, ao apontar que a percepção da IC em estudantes universitários, durante os dois primeiros anos de graduação, manteve seus níveis de insatisfação elevados, neste estudo notou-se que a universidade parece não contribuir de forma eficiente para modificar o quadro de seus discentes que nesse caso já entraram insatisfeitos.

Em outro estudo realizado na cidade de Ribeirão Preto – SP com 116 estudantes, de ambos os gêneros (desses, são 51 homens e 65 mulheres), de uma universidade pública e outra privada, constatou-se que tanto homens quanto mulheres demonstraram distorções na percepção da IC, subestimando ou superestimando o tamanho corporal, ou seja, os achados indicam insatisfação em ambos os gêneros (KAKESHITA; ALMEIDA, 2006). Segundo os autores, as pesquisas apontam um conflito muito grande entre o ideal de beleza ditado pela sociedade atual e o biótipo corporal da maioria da população. De acordo com os achados do estudo, o ambiente sociocultural parece ser uma das condições mais determinantes para o aparecimento de distorções e distúrbios da IC.

Martins et al. (2012) também observaram associações entre o gênero e a IC em estudo realizado com 865 estudantes da Universidade Federal de Santa Catarina. Os resultados demonstraram prevalência de insatisfação com a IC de 77,9%. Homens apresentaram mais frequentemente o desejo de aumentar o peso em relação às mulheres, bem como aqueles com excesso de peso, demonstraram maior desejo de reduzir. No mesmo sentido, Quadros et al. (2010) também observaram associação da IC com o gênero em universitários ingressantes em uma universidade pública da região sul do Brasil. A prevalência de insatisfação com a IC entre os acadêmicos investigados foi de 77,6%, sendo maior a insatisfação por excesso de peso do que por magreza (46,1% vs. 31,5%). Os autores observaram que indivíduos do gênero masculino apresentaram maior prevalência de insatisfação por magreza, enquanto seus pares do gênero feminino relataram maior insatisfação por excesso de peso. A elevada prevalência de insatisfação com a IC é preocupante devido à sua associação com problemas de depressão, baixa autoestima e percepção negativa da qualidade de vida (SILVA *et al.*, 2011).

Bosi et al. (2008) desenvolveram um estudo com 191 universitárias (apenas mulheres) do primeiro ao último semestre do curso de Educação Física de uma universidade situada no município do Rio de Janeiro. Os achados indicaram associação estatisticamente significativa entre a insatisfação da IC e o peso corporal, sendo que quase 30% das mulheres que queriam perder mais de 2 kg estavam insatisfeitas com sua IC. Ou seja, uma proporção considerável das mulheres investigadas estava insatisfeita, devido ao excesso de peso, situação muito comum no gênero feminino, principalmente pela pressão social e midiática, que a todo momento pressiona as mulheres a emagrecer. Em outro estudo, que associou a IC com o estado nutricional, realizado com universitários de diferentes áreas de conhecimento da Universidade Federal de Juiz de Fora, Miranda *et al.* (2012) observaram que as mulheres e pessoas com sobrepeso/obesidade, tiveram a maior frequência na classificação de insatisfação corporal. A prevalência de insatisfação com a IC neste estudo foi de 76,6%.

Em estudo realizado em uma universidade pública do município de Florianópolis, Santa Catarina, Coqueiro et al. (2008) avaliaram 256 universitários (128 homens) matriculados na disciplina Educação Física curricular (oferecida como disciplina optativa para os alunos de todos os cursos). Os achados indicaram prevalência de insatisfação com a IC de 78,8%. Contudo, os resultados referentes às variáveis associadas à IC foram diferentes dos observados nas pesquisas supracitadas, não existindo associação da IC com o gênero e com o índice de massa corporal, mas apenas com o percentual de gordura. Os autores sugerem a utilização de métodos mais precisos de avaliação da composição corporal em estudos sobre a IC.

Ferrari *et al.* (2012) investigaram 565 universitários, de ambos os gêneros, do curso de Educação Física da Universidade Federal de Santa Catarina e observaram que a insatisfação com a IC esteve associada com os estágios de mudança de comportamento relacionados à atividade física para o gênero feminino. Mulheres que geralmente adotam um estilo de vida mais ativo fisicamente apresentaram maiores chances de satisfação com a IC, quando comparadas às mulheres menos ativas. Neste sentido, os autores sugeriram a elaboração de intervenções voltadas à adoção da prática regular de atividade física com vistas a promover uma melhor satisfação com a IC. Mesmo assim, qual o padrão de beleza que essas mulheres almejam alcançar? Em boa parte dos casos, esse padrão plástico, quer dizer, um padrão de beleza montado pela mídia e que em geral não se adequa em mulheres de determinado corpo, cor e/ou cabelo é buscado mais intensamente que aspectos relacionados à saúde.

Diante disso, Kunz (2007) alerta para a necessidade de potencializar os fatores de proteção à saúde ao invés dos fatores de risco, ou seja, romper com os interesses midiáticos que preconizam a busca por uma modelagem corporal. O autor aponta que, mais importante que essa busca incessante em atender a uma orientação biomédica e estética, é encontrar prazer e satisfação na vida cotidiana.

Outro aspecto presente entre os estudantes e que merece atenção é a checagem corporal, que de acordo com Carvalho *et al.* (2013), refere-se a rituais de pesagens, medidas e comparações de seu corpo com o de outros indivíduos, e está associada às atitudes alimentares inadequadas e à insatisfação corporal, independentemente do gênero do indivíduo. Os transtornos alimentares, geralmente, estão associados à insatisfação com a IC, sendo que o acometimento é mais frequente no gênero feminino, podendo acarretar sérios problemas e prejudicar o convívio social, além de afetar negativamente aspectos emocionais e indicadores de saúde (GONÇALVES et al., 2008).

Diante dos estudos apresentados e dos altos índices de insatisfação com a IC verificados, tornam-se importantes ações no espaço acadêmico que visem incentivar a adoção de um estilo de vida saudável, a fim de promover uma maior satisfação com a IC nesse segmento da população, evitando problemas relacionados à saúde (MARTINS, *et al.*, 2012). Além disso, Mello *et al.* (2010), ao discutirem a importância das instituições de ensino superior no fomento à promoção da saúde, afirmam que a universidade tem um papel fundamental neste aspecto, visto que ela pode influenciar na qualidade de vida de seus membros e da comunidade externa, contribuindo para o conhecimento e o reforço da cidadania. O programa "universidades promotoras da saúde" surge como um caminho, pois, amplia o debate sobre a saúde da comunidade acadêmica e seus desdobramentos.

Nesse contexto, torna-se importante estimular a ampla realização de pesquisas qualitativas sobre a temática IC, pois esses modelos de estudo conseguem dar conta de ouvir os sujeitos e compreender a fundo o que vem gerando altos níveis de insatisfação com a IC. Além disso, estimular um olhar mais direcionado para os estudantes de origem popular e cotistas que adentram as universidades e que, no percurso acadêmico, enfrentam dificuldades pelas muitas nuances que envolvem sua presença em espaços de prestígio e poder, antes não acessados por esse público. Compreender que os estudantes de hoje não são os mesmos de antigamente é essencial para a construção de novas relações estabelecidas na formação universitária e na (des)construção do corpo. Zago (2006) em seus estudos ressalta os percursos desses estudantes, principalmente negros de comunidades pobres que fogem à regra e conseguem adentrar o ensino superior.

Portanto, esta obra surge com esse viés de adentrar nas inquietações e subjetividade dos estudantes, a fim de observar, ouvir e descrever sentimentos, percepções e emoções acerca da (des)construção da IC no cotidiano da vida universitária.

4

OBSERVAR, ESCUTAR E DESCREVER OS ATORES SOCIAIS DA UFRB-CFP

Nesta obra optou-se pela pesquisa na área das Ciências Sociais, com enfoque na abordagem fenomenológica de cunho etnometodológico, pois o pesquisador preocupa-se em mostrar e esclarecer o que é dado, ou seja, proporcionar uma descrição direta da experiência, tal como ela é. O objeto para o conhecimento nessa proposta metodológica não é o sujeito nem o mundo, mas o mundo enquanto é vivido pelo sujeito (GIL, 2008). Portanto, existe um peso de subjetividade na interpretação dos dados, pois o pesquisador não passa despercebido, ele carrega suas concepções e história de vida que determinarão escolhas metodológicas no processo de investigação.

A pesquisa fenomenológica parte do cotidiano, da compreensão do modo de viver das pessoas. Assim, a pesquisa desenvolvida com esse objetivo procura resgatar os significados atribuídos pelos sujeitos ao objeto que está sendo estudado. As técnicas de pesquisa mais utilizadas são, portanto, de natureza qualitativa. Além disso, "ao estudar a realidade, o pesquisador inspirado na fenomenologia procura ir às coisas, analisar contextual e interpretativamente, sendo a ênfase no olhar e não em pré-julgamentos da realidade" (GIL, 2008, p. 14).

A etnometodologia é uma pesquisa empírica, perpassa os métodos que os indivíduos utilizam para dar sentido e ao mesmo tempo realizar suas ações de todos os dias, comunicar-se, tomar decisões, raciocinar, dentro das atividades cotidianas, sejam elas triviais ou eruditas (RIVERO, 1995).

Pode-se dizer então que a etnometodologia é o estudo científico das formas de fazer comuns que os indivíduos utilizam para bem fazer suas ações cotidianas. Essa corrente entende que os atores envolvidos não são ingênuos, inocentes em suas colocações e opiniões, mas existe uma fala direcionada àquela circunstância em que o sujeito organiza sua ação e reflexão. Sua meta é descobrir detalhes das particularidades das formas de fazer (RIVERO, 1995). Por isso, a escolha de tais orientações metodológicas é sustentada pela ideia de que os fenômenos sociais, quando analisados à luz da etnometodologia e do interacionismo simbólico, nos permitem apreender acontecimentos que escapam a maneira tradicional de fazer pesquisa, possibilitando-nos investigar o sentido que os atores dão às situações que estão enfrentando.

No entanto, apesar de essa corrente do conhecimento optar por uma abordagem microssocial dos fenômenos, a etnometodologia não os desvincula de seus contextos ampliados, entendendo que o problema estudado é um fenômeno complexo no qual entra em jogo um grande número de parâmetros habitualmente situados no nível macro (COULON, 1995). Por isso, essa concepção de pesquisa com enfoque qualitativo nos permite, como afirma Sampaio (2011, p. 20), uma relação de "imersão no campo, por sua leveza e pelo face a face com os atores sociais. Nessa perspectiva de imersão o pesquisar observa de dentro para fora e de fora para dentro, permitindo uma compreensão mais detalhada do fazer cotidiano", em específico nesse trabalho, a relação do ator social com seu corpo e com o corpo do outro na formação/vivência universitária. Essa corrente do conhecimento surge neste estudo como aporte, auxiliando no entendimento de que o participante da pesquisa não é um "idiota cultural", mas, ao confrontar sua história com a do pesquisador, existe uma interação, uma aproximação, uma intencionalidade sociológica. Portanto, nesse processo com o outro o estudante não apenas é influenciado, mas influencia, as informações construídas na universidade e os reflexos midiáticos do corpo são percebidos, não de forma passiva, mas refletindo e criando estratégias para sobressair-se perante as imposições que são feitas na busca de um corpo "perfeito". Esse conceito evidencia a visão crítica e intencional que os discentes apresentam nos seus percursos formativos.

Além da etnometodologia, foram incorporadas as contribuições de Kaufmann (2013), que aponta a entrevista compreensiva como parte dessa concepção de relacionamento entre o entrevistador e seus entrevistados e a capacidade de penetração do cientista no universo temático, existencial e cognitivo dos atores sociais que estuda.

Esse método de pesquisa compreende a necessidade de uma troca de conhecimentos entre a teoria, o membro social e as impressões do pesquisador, tríade essa que apresenta uma consistência na afirmação de teorias já existentes e na construção de novas teorias sociais, nesse caso, voltadas para o corpo e a (des)construção da IC.

Outra corrente advém da entrevista em profundidade, das discussões de Bauer e Gaskell (2011), que afirmam existir no processo de pesquisa um olhar de quem observa, este, repleto de experiências, concepções de vida e do ato de pesquisar. A entrevista em profundidade é um método de coleta de dados amplamente empregado, pois fornece "resultados básicos para o desenvolvimento e compreensão detalhada das crenças, atitudes, valores e motivações, em relação ao comportamento das pessoas em contextos sociais específicos" (BAUER; GASKELL, 2011, p. 65).

A finalidade real da pesquisa qualitativa não é contar opiniões ou pessoas, mas ao contrário, explorar o espectro de opiniões, as diferentes representações sobre o assunto em questão. Entende-se a necessidade de usar esse método, pois a entrevista em profundidade possibilita explorar em detalhes o mundo da vida do indivíduo, bem como adentrar em questões que se referem à experiência pessoal acerca da vivência com seu corpo e a construção de sua IC. Sob esta ótica, o pesquisador fala de um lugar, este lugar do profissional de Educação Física que recebeu várias influências epistemológicas durante o processo de formação. Portanto, meu olhar foi direcionado para essas lentes, objetivando ser ético, coerente e sensível.

O professor Alain Coulon, em Conferência realizada na UFBA, afirma a importância da pesquisa etnometodológica e de cunho qualitativo, para ele três elementos devem ser considerados para compreender as ações dos atores sociais: *observar*, desde o espaço que se habita, as coisas que tomam vida, objetos, pessoas, movimentos, piscar de olhos, caras, sorrisos, movimentos bruscos do corpo, tudo toma forma e diz algo sobre aquele momento. Outro aspecto diz respeito à *escuta*, esta, atenciosa, reflexiva, desprendida de preconceitos, o pesquisador precisa estar aberto ao novo, ao diferente, ao imprevisível. Nesse sentido, ele deve compreender que o ator social investigado carrega consigo percepções, impressões, sentimentos e intencionalidades no seu fazer cotidiano, não sendo uma tábua rasa que responde perguntas. O terceiro quesito aponta a necessidade de *descrever*, de forma minuciosa, carregada de reflexibilidade e preservando o sentido atribuído pelo sujeito, a problemática em questão. Nessa perspectiva o pesquisador não deve considerar apenas suas impressões, mas levar em conta o que o ator social diz. (Informação verbal)[2].

No trabalho intitulado "Os tambores dos mortos e os tambores dos vivos", o professor Marcio Goldman afirma que, nesse processo de construção dos estudos qualitativos, o pesquisador deve evitar os riscos do subjetivismo e da parcialidade por um lado, do objetivismo e da arrogância por outro. Malinowski parece ter descoberto o soberbo ponto mediano, o centro. "Não o centro, ponto pusilânime que detesta os extremos, mas o centro sólido que sustenta os dois extremos num notável equilíbrio" (GOLDMAN, 2003, p. 459). Era necessário então, para mim como pesquisador, encontrar esse meu "centro", ainda que por muitas vezes andasse no "fio da navalha". E devemos considerar que essa não é uma tarefa fácil, já que dialogamos com pessoas reais que têm histórias de vida e perspectivas de mundo. Aqui, os apresento ao leitor:

---

[2] Conferência realizada pelo Programa de Pós-Graduação em Saúde, Ambiente e Trabalho (PPG-SAT) da Faculdade de Medicina da Bahia (FMB) da UFBA em parceria com o Centro de Cultura, Linguagens e Tecnologias Aplicadas (CECULT/UFRB). Intitulada "A Etnometodologia e a pesquisa qualitativa em saúde: Observar, escutar, descrever", com tradução pela Profa. Ana Teixeira (CECULT/UFRB). O evento foi realizado no dia 16/09/2016, das 9h30 às 12h30, no Anfiteatro Alfredo de Brito da Faculdade de Medicina da Bahia (Largo Terreiro de Jesus, Centro Histórico, s/nº, Salvador/BA).

4.1 VALDIR

Homem, autodeclara-se pardo, aproximadamente 1,70m de altura, natural da cidade de Jequié, pertencente à zona urbana, tem 29 anos de idade, cursa Licenciatura em Física, tendo ingressado no semestre 2012.1 (nono semestre), ingressou pelo sistema de ampla concorrência.

Ao entrar em contato para marcação do horário da entrevista, mostrou-se um jovem receptivo e disposto a auxiliar na pesquisa. Após algumas tentativas, adentro sua casa, numa sala ampla e sentado à mesa, explico os objetivos e procedimentos da pesquisa. Ele me demonstra certa timidez e até nas indagações, notava-se seu nervosismo. Nas pausas das respostas, sempre gesticula, e noto, em alguns momentos, um desconforto ao ter que abordar questões mais íntimas sobre seu corpo. No entanto mostrou-se prestativo e a timidez não interferiu no andamento da entrevista. Afirma que sente a necessidade de ingressar em uma academia, com o objetivo de melhorar sua satisfação com o corpo, mas diz não se sentir pressionado a mudar sua aparência e, de modo antagônico, expressa incômodo no jeito de olhar das pessoas. Esse desejo de mudança parte de uma vontade pessoal, alicerçada por uma pressão de ordem social. Incomoda-se por sua magreza, afirmando não se enquadrar em um padrão *bonito* de beleza.

Valdir relata não sofrer constrangimento na universidade em relação ao seu corpo, mas observa a brincadeira como uma possível estratégia velada de constranger e oprimir. Explicita que existe uma questão forte no curso de Física por parte dos professores, no que se refere ao desempenho intelectual dos alunos, aqueles que não se enquadram nesse padrão de aluno com atuação satisfatória acaba, segundo ele, recebendo um tratamento diferenciado, ou de menor importância em relação aos demais, no entanto em relação ao corpo não observa essa discussão em seu curso.

De forma geral, afirma que não houve influência da universidade em relação à mudança na (in)satisfação com a IC, novamente sinaliza a necessidade de mudar sua aparência, um dos caminhos seria a entrada na academia para melhoria da estética e da saúde. Não se viu pressionado a mudar sua aparência na adolescência. Mesmo afirmando não ser afetado pelas suas discussões e apontando que o espaço acadêmico não interfere na sua relação com a IC, ressalta a importância da universidade na valorização das diferentes expressões de beleza e a necessidade de mais espaços de discussão da temática estética e corpo.

Afirma conhecer grupos que discutem esse construto, mas não participa de nenhum. Não mudaria sua aparência para ser aceito na universidade e afirma que cada um tem um corpo diferente e deve ser respeitado por isso. Comparando sua trajetória inicial e agora no final da graduação, aponta estar mais feliz no período final, principalmente por estar conseguindo a finalização do curso e por ter "ganhado alguns quilos" nesse período.

Ele confirma não notar relação entre seu rendimento e satisfação com a IC. No entanto, as dores no corpo e a falta de atividade física o prejudicaram nos estudos, durante seu percurso acadêmico. Reconhece a importância de estar bem com seu corpo, pois influencia no psicológico e na concentração. Finaliza dizendo que "estar bem consigo mesmo é essencial para manter o equilíbrio entre corpo e mente". Cita novamente que existem muitas brincadeiras na universidade, o que pode afetar o psicológico das pessoas, mas se esquiva de apontar os culpados nesse processo do "brincar velado".

Relata sentir-se incomodado por ser muito "branco" e se sente constrangido em tirar a camisa nos espaços e afirma o desejo de ser "mais moreno". Apesar de afirmar que não mudaria sua aparência para sentir-se mais aceito na academia, de forma sutil aponta o desejo de mudança da coloração de sua pele e ganho de massa corporal. Finaliza abordando a falta de tempo ao longo da graduação e poucos espaços de esporte e lazer para acessar no Centro de Formação de Professores (CFP), no entanto, de igual modo, reconhece sua falta de organização nesse período. Estar na universidade representa para ele futuro, sabedoria e respeito.

4.2 JUCI

A segunda entrevistada, mulher, autodeclara-se negra, aproximadamente 1,60m de altura, natural da cidade de Santo Antonio de Jesus (BA), pertencente à zona urbana, tem 25 anos de idade, cursa Licenciatura em Pedagogia, tendo ingressado no semestre 2012.2 (oitavo semestre), ingressou pelo sistema de ampla concorrência.

Tem como marcas o carisma, o riso fácil e o "ô vei" quando as palavras faltavam. A sua entrevista foi realizada na universidade, na sala do projeto de pesquisa do qual ela faz parte. Ela, fortemente marcada pelas mudanças que a universidade pode causar, nesse percurso acadêmico é visível o empoderamento que a estudante vem vivenciando, principalmente em relação à sua consciência corporal.

A discente enfatiza a importância ímpar da universidade na aceitação do seu corpo e na melhora de sua autoestima, aborda a importância dos grupos de estudo, pesquisa e extensão, além da necessidade de extrapolar as discussões sobre essa temática em sala de aula, estar inserida nesses outros espaços oportunizou, afirma, uma formação que trouxe um empoderamento muito grande ao longo do seu percurso acadêmico.

Relata seu drama na adolescência com esse processo de (des)construção da IC, pois afirma até ter sofrido de problemas alimentares e de uma não aceitação do seu corpo no período da educação básica. Constrói sua IC cotidianamente e ainda busca essa referência na mulher negra, *Black* e consciente de seus direitos conquistados.

Em relação ao seu percurso formativo, sofreu discriminação no seu curso (Pedagogia), por não estar no padrão do que seria o ideal de uma pedagoga, segundo ela, esse perfil aponta uma mulher sem tatuagens e piercing, com roupas menos despojadas e que se enquadre na rotina do curso. Para lutar contra essa visão, ela deposita no estudo e no desejo de mostrar pelo conhecimento seu potencial, busca nessa prática quebrar essa visão do "profissional enquadrado" em determinadas características. Nesse processo, presenciou uma amiga do curso de Química ser impedida de participar de atividades acadêmicas. Segundo ela, a amiga é discriminada por não ter o perfil esperado de uma estudante de Química, mas não menciona qual seriam as características de uma estudante dentro desse curso.

Menciona com orgulho o fato de estar inserida em um grupo de pesquisa[3] voltado para as questões raciais e o quanto esse engajamento faz os outros colegas e professores a respeitarem. Nota no cotidiano universitário uma forma implícita de preconceito, aponta dois casos, o primeiro ocorrido em uma mesa redonda, onde ela foi silenciada por um professor e em outro momento, outra professora colocava a questão do estereótipo do baiano estudante preguiçoso, apontando uma questão de preconceito regional. Enfatiza a importância dessa rede de solidariedade que construiu ao longo de seu percurso acadêmico, empoderando-se e estando ciente de que sua força intimida comentários e atitudes discriminatórias no espaço acadêmico.

Ela aponta que em sala não encontra discussões da área de corpo e estética, obrigando-a a procurar se inserir em dois projetos extra sala de aula, um voltado para religião e outro para a temática étnico racial. Ela aponta essa dificuldade de a universidade possibilitar esses espaços de diálogo. Expõe a importância dos grupos em que está inserida, pois a fizeram encontrar uma formação qualificada, auxiliando-a nesse conhecimento do corpo, sua raça/cor e valorização de suas raízes. Além disso, declara a importância que o espaço acadêmico exerceu na sua autodeclaração e na aceitação de sua negritude. Antes não tinha esse posicionamento definido, principalmente pela diversidade de sua família. Do mesmo modo, para nossa entrevistada, a universidade não contribui de forma efetiva nessa discussão, não dá a devida importância aos seus estudantes, nem traz à tona a problemática, deixando o aluno sempre isolado e

---

[3] Esse projeto surge em 2010, na Universidade Federal do Recôncavo da Bahia, no Centro de Formação de Professores, tendo como eixo estruturante a AfirmAção que objetiva apoiar estudantes das comunidades negras rurais, contribuindo para o seu acesso e permanência qualificada no ensino superior, mediante seu envolvimento em ações formativas complementares ancoradas em práticas de diálogo e trocas com suas comunidades de origem. A metodologia a ser desenvolvida é a da prática social, a partir da qual são trazidos conteúdos para a investigação e produção do conhecimento na área da pesquisa, que, por sua vez, alimentará a prática social, num ciclo dinâmico de trocas culturais.

perdido. No entanto, não exime o aluno dessa responsabilidade de procurar espaços com os quais se identifique e que discutam essas temáticas voltadas para o corpo.

Afirma com orgulho que, depois do ingresso no ensino superior, sua vida mudou, encontrou caminhos que a valorizassem como mulher e que a fizeram aceitar-se. Aponta esse olhar positivo da sociedade para com estudantes universitários, cita que o empoderamento é essencial nesse processo de formação acadêmica, "sem ele você não cria uma identidade". Esse espaço abriu caminhos, podendo direcioná-la para várias vertentes do saber, desde o mestrado, atuação em sala de aula e em coordenação pedagógica. "Aqui não é que nem no comércio que estagna a pessoa". Reafirma que os grupos Pet Afirmação e Religião são seus pilares para compreender e aceitar seu corpo e sua identidade. Não costuma manipular sua aparência para ser aceita. Em relação a sua autoestima, sente-se melhor por vivenciar sua identidade e ser respeitada na maior parte do tempo.

Estar bem consigo mesma a ajudou muito nas produções, principalmente na escrita de artigos, aponta que, quando estamos satisfeitos conosco, tudo na universidade flui. Seus sentimentos em relação ao seu corpo são importantes para auxiliar seus colegas, pois é como um efeito cascata, um vai ajudando o outro, esse processo é essencial também na união entre as mulheres na busca de direitos iguais na universidade e na sociedade. Diante disso, ela cita a necessidade de as mulheres pararem mais de travar essa luta umas contra as outras. Cita que essa disputa é histórica e serve para manutenção de uma condição de subalternidade das mulheres, presenciou casos de constrangimento com seus colegas em relação ao corpo e outros aspectos, cita um caso no Fórum das Licenciaturas, onde um professor fez uma crítica ao excesso de creme de cabelo em uma de suas colegas estudantes.

Descreve outro caso, quando sua colega mudou seu estilo de cabelo de liso pra Black, o que acarretou uma série de comentários acerca da mudança dessa transformação, essas formas veladas e explícitas de críticas prejudicam muito as mulheres, ainda mais quando a crítica parte do homem. Em outro momento, relata um caso com os estudantes de Educação Física, que ao realizarem um trabalho sobre as dobras cutâneas, no momento de apresentar os resultados, a sua colega se sentiu mal pelo fato de as classificações estarem indicando sobrepeso e obesidade. Outra situação relatada foi uma crítica que ela sofreu de um professor por uma característica física (sua orelha).

Como estratégia de enfrentamento utiliza o diálogo, mas em alguns momentos reconhece a necessidade de um enfrentamento mais ríspido. Aponta a importância de que cada vez mais as mulheres se empoderem e sintam-se satisfeitas com seu corpo, pois existem muitos casos velados que precisam ser visibilizados. Construiu sua identidade racial após o ingresso na universidade e inserção no Grupo Pet Afirmação. Afirma que antes de se empoderar, mudaria aspectos em seu corpo para ser mais aceita. Reitera a importância de quebrar esses padrões sociais impostos e da necessidade imediata de as mulheres sentirem-se aceitas, belas, com a autoestima elevada.

Estar na universidade representa para ela caminhos diversificados e que podem determinar várias direções, desde continuidade com os estudos na pós-graduação ou a atuação na educação básica, como professora ou coordenadora.

4.3 MÔNICA

Mulher, autodeclara-se negra, aproximadamente 1,65m de altura, natural da cidade de Valença, pertencente à zona rural, tem 24 anos de idade, cursa Licenciatura em Química, tendo ingressado no semestre 2015.1 (terceiro semestre), ingressou pelo sistema de cotas.

Tímida, de sorriso fácil, aparenta ser marcada por uma forte influência religiosa, tem uma aproximação com a família; durante o processo de entrevista nota-se a utilização da pausa demorada para reafirmar ou negar suas respostas. É nítido o processo de amadurecimento acadêmico, no entanto, por estar apenas no terceiro semestre, me parece ainda estar se adaptando à cidade de Amargosa e à realidade universitária.

Sua insatisfação com o corpo começa na adolescência, mas admite que esteja passando por um processo de aceitação. A todo o momento, sente-se pressionada a aumentar sua silhueta corporal, essa pressão parte da família, amigos e colegas da universidade. Oscila entre se sentir bonita e satisfeita e em outros momentos insatisfeita com seu corpo, esse estado de humor, segundo ela, depende muito de como a pessoa acorda, nos momentos em que se sente "feia", usa maquiagem ou fica reservada para ver se melhora.

Aponta sentir-se constrangida e criticada constantemente na universidade, principalmente em relação à sua aparência, brincadeiras veladas que acabam sendo uma forma de discriminar, geralmente são direcionadas para suas características físicas, principalmente o fato de ser magra ou das pessoas assim a considerarem. Esse modo velado de criticá-la acaba incomodando-a muito no seu dia a dia na universidade. Diante dessas constantes situações constrangedoras, ela relata ter respostas prontas, tenta se aceitar do jeito que é, firmando-se na questão religiosa, "Deus me fez assim". Constantemente presencia críticas em relação à aparência de outros estudantes, as chamadas "piadinhas".

Em relação aos professores, relata não ter muita abertura para discussões sobre corpo, por ser também um curso de exatas, apenas observa essas problemáticas sendo discutidas pelos professores das áreas de humanas. Afirma algumas experiências positivas em relação ao seu corpo, como elogios que um professor fez a sua aparência, ajudando-a na melhora de sua autoestima. Além disso, observa um preconceito enraizado dos estudantes e da comunidade amargosense em relação à diversidade de gênero, raça/cor etc.

Explicita que a universidade não influenciou/influencia como se vê em relação a seu corpo, ela aponta que começou a se aceitar desde antes do ingresso no ensino superior, especificamente após a formação no ensino médio e entrada no mercado de trabalho. Aponta que estar na universidade não alterou as sensações/ percepções em relação a seu corpo e a (des)construção da IC. Mas, em outro momento da entrevista, afirma que após o ingresso no ensino superior, sente-se mais feliz com seu corpo, creditando essa satisfação ao fato de sentir-se mais desejada após tornar-se estudante universitária.

No entanto, reconhece que o espaço acadêmico está aberto para a diversidade e que ele proporciona essa vivência com vários tipos de pessoas. Sinaliza a importância de os acadêmicos se aceitarem. "O espaço universitário ajuda nesse processo de respeito às diferenças, mas alguns estudantes com pensamentos fechados acabam não observando e nem aproveitando essas características do CFP".

Não conhece e nem participa de grupos que discutem a temática de corpo, estética, IC. Geralmente não costuma manipular sua aparência para ser aceita no espaço acadêmico, mas sente a necessidade de ficar/sentir-se mais bonita. Ao comparar o início da sua graduação até o momento, aponta haver uma queda na sua autoestima, e entre os principais causadores disso estão a distância dos amigos e da família e a carga alta de estudos.

Relata que logo no seu ingresso, algumas veteranas falavam de seu corpo, teciam comentários depreciativos, afetando negativamente no seu rendimento acadêmico, tanto que em alguns momentos ela ficava no espelho olhando-se, tendo muitas vezes uma percepção negativa de seu corpo. O afastamento da família e esse processo de adaptação também prejudicaram seu rendimento. Para amenizar esses sentimentos, recorreu ao aumento do período de estudo diário e à utilização de café em excesso. Esse momento conturbado afetou sua saúde, com o agravamento de uma gastrite, problemas respiratórios e esquecimento. Quando está bem consigo e com seu corpo, é um fator positivo na interação com os colegas e no rendimento acadêmico; quando está insatisfeita com seu corpo, sinaliza ficar pensando muito sobre isso na aula e eventualmente sofre uma queda na aprendizagem.

Presencia constantemente várias críticas em relação à aparência de outras pessoas, como aspectos físicos, de gênero, localidade de origem. Essas situações são observadas geralmente em rodinhas de conversas. Explicita a necessidade de as mulheres se unirem mais em relação ao respeito e à aceitação das diferenças, mas em geral não aponta soluções para essa mudança. Finaliza afirmando que não mudaria seu corpo para sentir-se aceita no espaço acadêmico.

Diante disso, nota-se que em meio a todos os conflitos com a IC durante o percurso acadêmico, estar na universidade representa a realização de um sonho que ela sente orgulho de ter alcançado.

4.4 ROBERTO

Homem, autodeclara-se pardo, aproximadamente 1,70m de altura, natural de São Miguel das Matas (BA), mas atualmente reside em Elísio Medrado, pertencente à zona urbana, tem 22 anos de idade, cursa Licenciatura em Educação Física, tendo ingressado no semestre 2015.1 (terceiro semestre), ingressou pelo sistema de cotas.

Extrovertido, aparentemente cordial e de personalidade forte, visivelmente marcado por uma influência de práticas de atividades físicas. Ao chegar a seu espaço de trabalho, fui convidado a adentrar, durante a realização da entrevista demonstrou espontaneidade na sua fala, utiliza a pausa demorada para reafirmar suas respostas, observa-se que por estar no início do curso ainda passará por um processo de amadurecimento acadêmico.

Relata sentir-se melhor hoje com sua IC, mas se diz um eterno insatisfeito com seu corpo; esse maior nível de insatisfação surgiu na adolescência, encontrando na musculação uma ferramenta de autoestima e prazer, sendo primordial para sua vida, essa busca constante não vem de uma pressão social, mas de uma questão própria, interna, apesar dessa afirmação, é notório o desejo pela busca por um padrão de beleza hegemônico. A universidade não exerce pressão em relação à mudança de sua aparência, ao contrário, afirma ser um espaço tranquilo e acolhedor das diferenças. Sente-se ainda magro, apesar de observar que sua silhueta está dentro dos padrões de atlético, gostaria também de ter nascido com cabelo liso. Em outro momento, observa a influência social na sua definição de beleza, mas também traz a importância da beleza interior, afirma que a beleza depende de quem a contempla, aponta a necessidade de quebra da hegemonia do belo, ao mencionar o negro como importante nessa construção das múltiplas referencialidades de beleza.

Reconhece a importância do CFP ao possibilitar vivências que melhoram a autoestima dos estudantes, mesmo apontando que a universidade não interfere na satisfação com o corpo. Enfatiza novamente que no CFP, o respeito às diferenças é bastante trabalhado, no entanto, aponta que fora do espaço acadêmico, principalmente na educação básica, essa pressão por mudança no corpo e na aparência é evidente, além disso, na sociedade em geral também não existe essa aceitação das diferenças como observado no espaço universitário.

Não observou até o momento, impedimento dos estudantes participarem de atividades acadêmicas por conta da aparência física, mas não descarta a possibilidade de que esse fato aconteça de forma velada. Não sofre constrangimento no espaço acadêmico, muito pelo contrário, observa que os professores desde o início apontam discussões para a valorização das diferenças e o respeito para com o outro, sendo que os docentes são mais abertos que os alunos em relação a essa discussão de corpo. Na maior parte do tempo, é um jovem adaptável aos diferentes espaços acadêmicos e está aberto a conhecer diferentes grupos de estudantes.

Estar na universidade não interfere na sua (in)satisfação corporal, esse processo de aceitação ou não com a IC veio antes do ingresso no ensino superior. Diante disso, afirma não sofrer impactos da universidade, no entanto, nesse sentido reconhece que as discussões são intensas e estimuladas pelos professores, principalmente no curso de Educação Física. Ao mesmo modo, reconhece que o espaço acadêmico traz contribuições na aceitação do corpo, a busca da estética deve estar aliada à saúde, mesmo que ele busque esse padrão modelado esteticamente pela sociedade. Cita que no CFP é valorizado e estimulado o respeito à diversidade de gênero, a questões étnico-raciais e a aspectos físicos. Mesmo a mídia, a todo o momento, tentando impor um padrão hegemônico aos estudantes, em muitos casos, eles vão na contramão dessa cultura, o próprio CFP seria esse espaço de múltiplas belezas do Recôncavo.

Não costuma manipular sua aparência para sentir-se mais aceito, busca um estilo próprio, cita a universidade como esse espaço não padronizado, sentindo-se à vontade até na questão da vestimenta.

A satisfação com o corpo é essencial para a melhora do seu rendimento acadêmico, quando se sente insatisfeito, busca melhorar a alimentação, pratica atividade física, assiste filme ou dá um tempo que passa. Estar otimista e bem com seu corpo, com sua autoestima elevada ajuda nesse processo de relacionar-se, quando está mal, "pra baixo", acaba nem buscando essa interação com os colegas. Para ele, estar bem com o corpo permite não só desenvolver as atividades acadêmicas, mas permite participar de qualquer outra atividade cotidiana.

Presencia constantemente, em rodas de conversa, críticas acerca do corpo de outros colegas, reconhece participar em alguns momentos desse processo, compreende ser isso um vício social, mesmo acreditando não ser correto. As críticas vão desde o cabelo aos aspectos físicos, em muitos momentos reconhece que as ações deveriam ser de respeito às diferenças e aceitação das pessoas como elas são.

Aponta que o CFP vai na contramão da sociedade e da mídia, ao propagar o respeito às diferenças. Observa o esforço que é feito pela universidade para possibilitar uma formação mais crítica e reflexiva. Não mudaria seu corpo para sentir-se aceito. Estar na universidade representa para ele a busca do conhecimento e a progressão pessoal e profissional para o futuro.

Essa apresentação objetivou explicitar quem são os estudantes que compuseram esta obra, conhecê-los é fundamental para a compreensão dos resultados e das opiniões e histórias de vidas diversificadas aqui encontradas acerca da IC. [4]

---

[4] Todos os dados da dissertação de mestrado que compõem esse livro têm aprovação do Comitê de Ética em Pesquisas com Seres Humanos da Escola de Enfermagem da UFBA, por meio da Plataforma Brasil, conforme Resolução 196/96 do Conselho Nacional de Saúde sobre pesquisa envolvendo seres humanos. O mesmo foi aprovado com o número de protocolo 5531 e parecer nº 1.904.328. Os nomes usados são fictícios para preservar a identidade dos atores sociais. Os dados/falas foram coletados por meio de entrevista em profundidade entre os anos de 2016-2017, após aprovação do respectivo comitê. Data da defesa da dissertação (12-06-2017).

5

(DES)CONSTRUÇÃO DA IC: VIVÊNCIAS COTIDIANAS DE CONSTRANGIMENTO AO CORPO DURANTE O PERCURSO FORMATIVO

Acredita-se que a percepção negativa do corpo pode ter seu início na educação básica, principalmente a partir da adolescência. A insatisfação com a IC nessa faixa etária torna-se mais acentuada, especialmente para o gênero feminino. Por isso, é comum que adolescentes insatisfeitas com a sua IC adotem comportamentos alimentares não saudáveis e práticas inadequadas de controle de peso, como uso de diuréticos, laxantes, autoindução de vômitos e realização de atividade física extenuante (ALVES *et al.*, 2008; AL SABBAH *et al.*, 2009; CARVALHO, *et al.*, 2013).

Esse quadro prolonga-se no ensino superior, que traz consigo angústias pelas incertezas que porventura virão. Fatores como a dificuldade financeira e as mudanças do próprio período de transição da adolescência para a idade adulta geram momentos de tomadas de decisões relativas aos seus projetos de futuro e sua independência, sendo que esses aspectos acabam fazendo parte do processo de amadurecimento do acadêmico.

Essas dificuldades de permanência na universidade, principalmente das camadas mais pobres, acabam afetando a autoestima e o rendimento acadêmico dos estudantes, evidenciando a necessidade de um olhar mais atento das universidades brasileiras em promover condições materiais e simbólicas necessárias para uma formação de excelência e que impactem de forma positiva a construção da IC desse público (SANTOS *et al.*, 2012; COULON, 2008; ZAGO, 2006).

Diante desse contexto, a IC exerce importância singular na vida dos indivíduos, necessitando de aprofundamentos em relação a sua compreensão, principalmente nessa fase, em que os estudantes adentram o ensino superior. O reflexo desse processo conturbado acaba gerando essa insatisfação com o corpo, uma perda de qualidade de vida e doenças associadas à construção negativa da IC. Juci confirma essa preocupação, principalmente na fase da adolescência:

> Eu me sentia insatisfeita com meu corpo em relação a estar acima do peso. Então, como estava acima do peso eu tinha que mudar isso de alguma forma, e a forma que eu encontrei foi diminuindo minha alimentação e forçando o vômito quando eu tinha comido exageradamente. Então assim, às vezes eu saía com as meninas, minhas amigas, e aí a gente comia um acarajé, aí eu sentia que eu comi muito acarajé. Então, eu tinha que colocar aquilo pra fora porque senão eu não iria perder depois. Então eu tive isso (JUCI, 2017).

Esse relato evidencia a influência que a construção social dos padrões de beleza exerce sobre os estudantes, desde a educação básica ao ensino superior, pressionando-os a concretizar em seus corpos, um padrão ideal disseminado em nossa cultura. Essa busca desenfreada por um padrão de beleza distancia os indivíduos do contato interno, perdendo a conexão com o corpo real, gerando insatisfação com a IC (TAVARES, 2003). Esse desejo incontrolável na busca por um padrão de beleza gera esse conflituoso choque de realidades, oscilando entre o que somos e o que gostaríamos de ser. Nesse sentido, a mídia influencia de forma decisiva:

> Constantemente as informações que obtemos sobre os diversos aspectos que formam o mundo, dentro das novas tecnologias, a mídia e seu ávido poder consumista são apreendidas por nós como uma parte de nosso corpo, unindo-se com nossa IC, transformando-nos em camaleões que se adaptam àquilo que as circunstâncias exigem. Nossa percepção de mundo passa a ser lograda a partir de tais

influências, e nos sujeitamos a ver essas transformações com os limites impostos por nós mesmos (BARROS, 2005, p. 552).

Outro estudante evidencia que o início da insatisfação com a IC começou na adolescência. Ao questioná-lo sobre sua aceitação, ele afirma que se sentia insatisfeito na maior parte do tempo durante sua vivência na educação básica, além de sofrer críticas de outros colegas em relação a suas características físicas, esses acontecimentos ocorreram principalmente durante o ensino médio:

> Constantemente, é mais uma questão... desde novo, eu era bem baixinho e magro e por isso eu e meu irmão a gente sofria muito, que a gente é gêmeos, a gente sofria muito essa questão de ser baixo e magro, ai a gente acabava sofrendo bullying e outras comparações, apelidos de quando era criança (ROBERTO, 2017).

Portanto, conflitos na escola e dificuldades de respeito às diferenças corroboram com os achados do estudo de Ribeiro, Santos e Reis (2014), no qual os pesquisadores puderam constatar que eram recorrentes situações de constrangimento no espaço escolar:

> Cabe refletirmos que por trás de palavras e ações aparentemente inofensivas existem construções sociais, que inferiorizavam os estudantes e outros grupos identitários que não se encaixavam em um padrão de beleza referenciado por eles. Observou-se ao longo do processo que a relação de respeito às diferenças eram muitas vezes violadas (RIBEIRO; SANTOS; REIS, 2014, p. 3).

Em outro estudo, realizado com 710 adolescentes do gênero feminino, matriculadas entre a 5ª e a 8ª séries das escolas públicas municipais do Município de Gravataí, estado do Rio Grande do Sul, constatou-se que a maioria das escolares estavam satisfeitas com sua IC. As meninas não brancas apontaram uma percepção corporal mais positiva, aspecto pouco presente em outros estudos. A maior incidência de insatisfação com o corpo foi observada entre as adolescentes com sobrepeso/obesidade e na fase pós-puberal.

Diante desses dados, é imprescindível uma maior atenção do sistema educacional em detectar as causas dessa insatisfação e potencializar práticas de valorização do corpo (AERTS et al., 2011).

Fica explícito que essas experiências na educação básica acabam gerando um reflexo no ensino superior. Ao adentrar na universidade, vêm à tona dois aspectos, de um lado a importância da universidade para a melhora da satisfação com o corpo e aumento da autoestima; por outro, a universidade vem sendo pouco significativa para os estudantes no que concerne a influenciar na (in)satisfação com a IC. Nesse momento, o foco vai ao encontro da segunda problemática. Esses achados dialogam com o estudo de Ribeiro, Gordia e Quadros (2016), ao observarem que estar na universidade não modifica a visão que o estudante tem em relação a seu corpo, ou seja, nota-se a pouca influência do espaço universitário na determinação da (in) satisfação com a IC. Esse aspecto é notório:

> Não, a Universidade não teve influência não. Eu acho que o meu pensamento veio muito formado e aí eu acho que nada me abalou quando "quer dizer nada entre aspas, nesse fator do corpo não influenciou em nada na minha vida" (MÔNICA, 2017).

Já Roberto traz à tona a influência social que norteou a relação com seu corpo. Sendo que ficou perceptível o quanto a cobrança midiática acaba exercendo forte influência nessa busca por um padrão de beleza, de igual modo para esse discente estar na Universidade durante três semestres não foi suficiente para causar impactos significativos na percepção de sua IC:

> Eu acabei criando essa questão social mesmo do meu corpo, com a universidade não tem relação nenhuma com a questão do corpo. Eu tive que priorizar o estudo ao invés do corpo, entendeu? Da estética. Aí acabei deixando de lado, talvez eu possa até parar essa psicose com o corpo por causa dos estudos. Mas, não quer dizer que a universidade influencia positivamente perante a mim, nem negativamente (ROBERTO, 2017).

Além disso, por mais que os estudantes reconheçam a importância da universidade nesse processo de aceitação ao corpo, poucos se sentem impactados pelas discussões que são construídas naquele espaço de saber em relação à aceitação da IC, como observado na fala de Valdir:

> É algo assim, eu me sinto feliz com meu corpo, né, não tenho algo de falar assim, ah eu sou triste pelo meu corpo, não, eu sou feliz, mas se foi depois que eu entrei na universidade ou não, eu acho que isso nunca me influenciou não, entendeu? De me sentir mais belo ou menos belo por causa da universidade. A universidade não me influenciou nessa beleza não (VALDIR, 2017).

Diante disso, é importante destacar que a (des)construção da IC está relacionada ao processo formativo, sendo observados altos índices de insatisfação, por isso a importância das discussões dessa temática nos espaços acadêmicos:

> É uma parte que tá cada vez mais se tornando mais específica da universidade essa questão de discutir a questão da beleza, né, a beleza está no olhar da pessoa e não precisa a pessoa mudar pra sentir-se belo, né, então essa questão de discussão a universidade já vem trazendo bastante, batendo na tecla (VALDIR, 2017).

Portanto, observou-se que esse reconhecimento por parte de alguns estudantes, do quanto a universidade é importante nas discussões sobre corpo, não foram suficientes para possibilitar uma aceitação da IC. No entanto, é notório que durante sua graduação, os discentes foram impactados pela universidade, mesmo que os relatos de alguns estejam na contramão dessa afirmação. Por isso, cabe à academia estar atenta no que se refere a problematizar e proporcionar uma discussão ampliada e crítica, a fim de implementar estratégias para melhorar os índices de satisfação com a IC.

Outro aspecto evidencia que no mundo contemporâneo, tem-se observado que o modelo de beleza está associado a corpos musculosos entre os homens e magros entre as mulheres. Contudo, na maioria das vezes, esses padrões se tornam inalcançáveis para a maioria dos indivíduos, o que acarreta sentimento de frustração, que leva as pessoas a um distanciamento entre a IC real e a ideal. Quanto maior esse distanciamento, mais acentuada será a incidência de baixa autoestima e sentimento de culpa, afetando de forma negativa a saúde e qualidade de vida dos indivíduos (STEPHAN; FOUQUEREAU; FERNANDEZ, 2008).

Por isso, esses reflexos da sociedade em geral são constantemente observados no espaço universitário. Dentre as principais questões, estão críticas ao cabelo, características físicas, estereótipo de curso e as brincadeiras no cotidiano acadêmico. Mônica evidencia os julgamentos direcionados para suas características físicas.

> Constantemente! Tipo eu odeio quando alguém fala assim *"Ah você tá seca"* Vei, pra mim isso é horrível, porque tipo um ser, uma pessoa seca vai muito, além disso. Aí as pessoas pegam e fica assim tipo com aquela brincadeirinha e no meio das pessoas, de todo mundo fala com a boca alta "Pô, Mone, você tá seca, o que tá acontecendo com você, não sei o quê", e pra mim isso é ruim, eu odeio mesmo, eu fico bem chateada (MÔNICA, 2017).

Já outro estudante relata sentir-se constrangido quando precisa expor seu corpo. Uma insatisfação por sua magreza, que acaba gerando vergonha:

> Só minha magreza, mas fora isso não tem nada outra coisa que me sinto insatisfeito não. Assim, no momento em que eu me sinto insatisfeito, quando eu levanto a blusa, principalmente [...] aí talvez até pelo meu físico também (VALDIR, 2017).

Outro fator observado diz respeito ao cabelo. Watkins (2005) em seus estudos, aponta essa barreira na construção de uma diversidade de belezas. Dentre as características físicas, o cabelo é uma forte demarcação de aceitação social, onde o cabelo liso ou escovado desponta como um aspecto importante nessa construção da IC, além da dificuldade de aceitação do cabelo como identidade desde a infância ao ensino superior, principalmente das mulheres negras e que possuem o cabelo crespo, essa relação conflituosa é apontada pelos universitários:

> Antes quando mais nova, muitas pessoas falavam sobre meu cabelo, porque era cacheado e naquela época quase ninguém tinha cabelo cacheado, as pessoas tinham mania de alisar, fazer qualquer coisa menos deixar cachos. Então quando eu era pequena muitas pessoas falavam pra minha mãe, ficavam perguntando não é difícil pentear esse cabelo não sei o que, ficava falando [...] As pessoas ficavam falando alisa, alisa, alisa, ficava naquela coisa alisa. Minha irmã já alisou por conta disso, ela deu relaxamento, por conta das pessoas ficarem falando pra ela mudar, da pressão. Só que eu nunca quis alisar, tipo eu já escovei, já pranchei também pra ver como ficava. As pessoas falavam, deixa assim, deixa assim, assim é melhor, não deixa os cachos voltar não, dá coisa, isso e aquilo (MÔNICA, 2017).

Nesse contexto, Watkins (2005) aponta que diante das mudanças na política racial, os negros e, principalmente, as mulheres negras, continuam obcecados com os seus cabelos, e o alisamento ainda é considerado um assunto sério. Por conta disso, acabam se aproveitando da insegurança que as mulheres negras sentem em relação ao seu valor na sociedade de supremacia branca. O racismo observado na atualidade aponta para várias problemáticas, dentre elas, o alisamento que permanece em muitos momentos como um processo de mudança de aparência dos negros, ora para atender um desejo midiático de beleza e em outros momentos para aproximar-se de características do branco, este processo em muitas vezes acontece de forma pouco crítica, principalmente por parte dos menos escolarizados e com pouco acesso a discussões que possibilitem essa reflexão. No entanto, essa construção é perversa e segregacionista, tendo por objetivo afastar o negro da construção positiva de sua identidade. Esse fato é observado no relato dos participantes da pesquisa, ao questioná-los como se dava a relação com seus cabelos na universidade, ou se gostariam de mudar algo em sua aparência. Juci aponta essa problemática com o cabelo "quando eu entrei na universidade eu lembro que eu passava um creme, lambia meu cabelo". Já Roberto evidencia a insatisfação em relação ao seu cabelo crespo: "foi como eu disse, na verdade, talvez se eu tivesse nascido com o cabelo mais liso".

Logo, em relação ao cabelo, o alisamento e outras questões que envolvem a importância do empoderamento das culturas negras, destaca-se que esse processo histórico de lutas, resiliências e multirreferencialidades de beleza vêm se construindo em diferentes espaços sociais e na universidade. Os movimentos iniciados durante os anos 1960, com o objetivo de denunciar, criticar e alterar o racismo branco apontavam a necessidade de mudança da obsessão dos negros com o cabelo liso como um reflexo da mentalidade branca. "A partir daí, que os penteados afros, em específico o *black power*, entraram na moda como um símbolo de resistência cultural à opressão racista, considerado uma celebração da condição de negro (a)" (WATKINS, 2005, p. 3). No trecho a seguir, é notório o empoderamento e autoestima dos estudantes ao aceitarem e sentirem orgulho de sua identidade:

> Hoje em dia mesmo as pessoas dizem que eu não penteio meu cabelo, porque geralmente eu venho com ele do jeito que eu acordo, eu bagunço ele, pra mim tá lindo, pronto, acabou e vim para faculdade (JUCI, 2017).

No entanto, esse processo de afirmação da identidade negra e das minorias identitárias na universidade é repleto de resistências, desafios e conflitos. Diante desse contexto, os participantes fazem denúncias de vivências constrangedoras por conta de seus cabelos crespos:

> No fórum de licenciatura, uma menina chegou e aí ela tava assim com o cabelo e aí ela tinha resquício de creme ainda no cabelo. Aí o professor chegou olhou pra ela e fez "Eu não to querendo ouvir você falar de seu trabalho com esses cremes todos no cabelo,

vá ao banheiro e limpe isso". E a gente olhou uma pra cara da outra assim, tipo não, eu quero escutar o trabalho assim mesmo, pode começar o trabalho porque a gente tá na sala e também quer ouvir. Se ele quiser avaliar ou não é problema dele. Aí ela ficou assim em dúvida, aí eu disse fica aí. Ela ficou, aí ele olhou assim pra mim, eu fiz" olha é o seguinte, ela tá gostando dela com esse creme no cabelo, e se ela colocar um creme de outra cor problema é dela, ela quer isso pra ela. Então você não tem que se intrometer na imagem dela". Aí pronto (JUCI, 2017).

Esse fato aponta a necessidade de um olhar mais cuidadoso para com os estudantes, no que se relaciona à vivência interpessoal e respeito às diferenças. Gomes (2003) aborda essa questão, ao afirmar a importância de uma formação de professores pautada no entendimento das multirreferencialidades de beleza e valorização da cultura afro-brasileira. Diante disso, indagações que possibilitam uma reflexão são apontadas:

> A formação de professores/ras, sobretudo a que visa à diversidade, deveria considerar outras questões, tais como: como os/as professores/ras se formam no cotidiano escolar? Atualmente, quais são as principais necessidades formadoras dos/das docentes? Que outros espaços formadores interferem na sua competência profissional e pedagógica? Que temas os/as professores/ras gostariam de discutir e de debater no seu percurso de formação e no dia-a-dia da sala de aula? E que temáticas sociais e culturais são omitidas, não são discutidas ou simplesmente não são consideradas importantes para a sua formação profissional e para o processo educacional dos seus alunos? Será que a questão racial está incluída nessas temáticas omitidas ou silenciadas? (GOMES, 2003, p. 169).

Portanto, como garantir respostas para inúmeras questões se nas próprias universidades não existe uma formação específica para abordar discussões étnico- raciais? Os próprios professores universitários ainda estão repletos de desafios ao lidar com essa dificuldade em suas formações e consequentemente em formar professores que dominam essa temática. Por isso, em muitas circunstâncias, a aceitação dos estudantes oriundos principalmente das cotas, sejam elas de escola pública, raciais, indígenas ou de pessoas com deficiência, apresenta-se conflituosa por parte dos que já estão na universidade.

Nesse sentido, um dos fatores importantes a se destacar refere-se aos novos estudantes e como esse processo de acolhimento vem sendo realizado. Nessa nova conjuntura universitária, existe o que Elias e Scotson (2000) apontam como os estabelecidos e os *outsiders*, ou seja, uma queda de braços entre uma parte dos estudantes e professores que já estão na universidade e estabeleceram códigos de manutenção desse prestígio, do outro lado os "estranhos" que adentram o espaço acadêmico por meio de grupos segregados e que precisam constituir-se naquele novo espaço com suas peculiaridades e necessidades, fator este mais observado a partir do acesso por meio das cotas. Essa relação muitas vezes é conflituosa, pois quem faz parte daquele universo em muitos momentos procura criar códigos de conduta que servem como estratégia para diminuir, inferiorizar e negar a cultura e a identidade do outro diferente:

> Assim, a exclusão e a estigmatização dos outsiders pelo grupo estabelecido eram armas poderosas para que este último preservasse sua identidade e afirmasse sua superioridade, mantendo os outros firmemente em seu lugar. um grupo tem um índice de coesão mais alto do que o outro e essa integração diferencial contribui substancialmente para seu excedente de poder; sua maior coesão permite que esse grupo reserve para seus membros as posições sociais com potencial de poder mais elevado e de outro tipo, o que vem reforçar sua coesão, e excluir dessas posições os membros dos outros grupos — o que constitui, essencialmente, o que se pretende dizer ao falar de uma figuração estabelecidos e outsiders (ELIAS; SCOTSON, 2000, p. 22).

Além disso, essa aceitação e mudança do cabelo liso escovado para outro penteado que afirma a identidade do cabelo crespo é um processo permeado de desafios e obstáculos. Watkins (2005) aponta que um dos aspectos mais destacados ou impactantes que impedem as mulheres, principalmente negras, de usarem o cabelo sem química é o medo de perder a aprovação e consideração das pessoas. Nesse processo, poucas mulheres receberam apoio de suas famílias, amigos e parceiros amorosos quando decidem não alisar mais o cabelo:

> Uma colega fez transição (mudança do cabelo liso escovado para o crespo) há um ano atrás e aí logo quando ela fez, ela quis raspar de vez, ela raspou de vez. Aí chegou uma professora pra mim e fez "Por que ela fez aquilo no cabelo dela? Ela tava com o cabelo escovado tão lindo" (JUCI, 2017).

Essa luta é constante em todos os espaços sociais, e muito presente no espaço universitário. Portanto, torna-se importante o amplo debate para mudar gradativamente essa problemática presente na academia. A obsessão com o cabelo, geralmente, reflete lutas contínuas com a realização e autoestima e deve-se:

> Em uma cultura de dominação e anti intimidade, lutar diariamente por permanecer em contato com nós mesmos e com os nossos corpos, uns com os outros". Especialmente as mulheres negras e os homens negros, já que são nossos corpos os que frequentemente são desmerecidos, menosprezados, humilhados e mutilados em uma ideologia que aliena. Celebrando os nossos corpos, participamos de uma luta libertadora que libera a mente e o coração (WATKINS, 2005, p. 7-8).

Em relação às discussões de corpo, cabelo e beleza negra, Gomes (2006) em sua obra "Sem perder a raiz: corpo e cabelo como símbolos da identidade negra" problematiza a necessidade de conquistas de espaços potencializadores da negritude, dentre esses espaços, os salões étnicos possuem um importante papel na construção da identidade negra, assim como na aceitação e admiração do corpo e do cabelo como símbolos culturais, históricos e sociais do homem e da mulher negra. Além disso, essa pesquisa traz à tona a importância de o negro estar bem com seu corpo e seu cabelo, sendo uma das maneiras de se firmar na sociedade e na universidade. Esse processo de aceitação e empoderamento são imprescindíveis para o rompimento de um ciclo histórico de segregação e racismo. Gomes (2002) suscita discussões nessa perspectiva, ao apontar a importância de trabalhar o respeito e a valorização do corpo negro desde a educação básica. Espaço este que parece ainda não dar conta de cumprir com esses objetivos.

> A experiência com o corpo negro e o cabelo crespo não se reduz ao espaço da família, das amizades, da militância ou dos relacionamentos afetivos. A trajetória escolar/educacional aparece em todos os depoimentos como um importante momento no processo de construção da identidade negra e, lamentavelmente, reforçando estereótipos e representações negativas sobre esse segmento étnico/racial e o seu padrão estético. O corpo surge, então nesse contexto, como suporte da identidade negra, e o cabelo crespo como um forte ícone identitário (GOMES, 2002, p. 41).

Nesse contexto, o negro, até os dias atuais, precisa conviver com as condições de desrespeito e subalternidade que foram impostas por um processo histórico, culminando na desvalorização do corpo e da beleza negra. O belo, cobiçado e desejado acaba sendo o corpo branco. Dentre os fatores que contribuíram com essa relação desigual está:

> A comparação dos sinais do corpo negro (como o nariz, a boca, a cor da pele e o tipo de cabelo) com os do branco europeu e colonizador que, naquele contexto, serviu de argumento para a formulação de um padrão de beleza e de fealdade que nos persegue até os dias atuais (GOMES, 2002, p. 42).

Outro aspecto bastante evidenciado pelos acadêmicos são os conflitos entre as mulheres. Em determinados momentos foi explicitada a existência de uma crítica muito forte entre os próprios membros do gênero feminino, ao questionar por que as mulheres em muitas circunstâncias utilizam da crítica para com a outra, respostas foram apontadas pelas estudantes:

> Porque, tipo assim, existe aquele ditado que diz assim que mulher não se arruma para o homem, mas se arruma para outra mulher. Quando você chega no lugar, tipo a gente mulher que se arruma, percebe o olhar do homem, mas também a gente percebe o olhar da outra mulher. Porque de certa forma às vezes ela acha que a mulher está mais bonita do que ela, aí ela tenta achar um defeito pra poder tornar na mente dela aquela pessoa feia. Então, quando as mulheres se juntam pra poder falar mal de outra é porque ela acha aquela pessoa bonita, mas também ela quer achar um defeito naquela pessoa pra poder tipo suprir aquilo que ela não tem e outras vezes também ela fala realmente a pessoa ter alguma ausência, sabe de alguma coisa assim ela começa a falar. Mas, na maioria das vezes é assim a mulher fala porque, meio que inveja mesmo (MÔNICA, 2017).

Juci, de igual modo, demonstra que essa desunião entre as mulheres tem relação com uma construção histórico-patriarcal, que visa enfraquecê-las e manter a posição de prestígio dos homens no poder e na relação de "dominação do corpo":

> A gente tem essa coisa de odiar uma à outra, então se alguém usou uma maquiagem mais bonita que a minha eu vou odiar ela por isso. "Porra, ela tá chamando mais atenção que eu" entende? Então isso é muito complicado, a gente tá bem consigo mesmo e fazer a outra pessoa se sentir bem consigo mesmo por causa de nosso bem! Porque a gente se odeia, a gente não é ensinada a amar uma a outra, a gente é ensinada a tá em um grupinho pra fofocar uma da outra. Então, quando você tá em um grupo você tem que se focar nisso, você tem que se focar no feminismo mesmo. Você vê que aquela outra menina ela precisa ser empoderada, precisa estar bem com ela. Então é você levantar a auto-estima dela e esquecer

o seu [...] Eu acho que é construção histórica, essa ideia assim tirando o meu bem achismo mesmo que eu ainda não fiz estudos sobre isso. Eu acredito que a ideia de gente não gostar uma da outra, a gente não vai se unir. Então, se a gente não se unir não ir contra as ideias que são postas, porque a gente tá se odiando, então não tem porque ninguém se preocupar com a gente entende? A gente já tá se odiando, gastando o tempo com a gente mesmo (JUCI, 2017).

Diante dessa problemática, Lorde (1984), em suas discussões, menciona que o patriarcado é um dos fortes fatores que criaram essa relação histórica de rivalidade entre as mulheres, ensinamentos direcionados às mulheres partem da concepção de ignorar suas diferenças, ou vê-las como as causas da separação e suspeição, em detrimento de enxergá-las como a força para a mudança. Além disso, existe a necessidade da união, da comunidade para a libertação da sujeição histórica. No entanto, essa visão de grupo não deve significar uma supressão das diferenças, nem a pretensão patética de que essas diferenças não existem. Não se deve lutar apenas pela tolerância à diferença entre as mulheres, mas para a formação de uma base criativa para o diálogo e o fortalecimento do ser e estar no mundo. Nesse sentido, há a necessidade de aprender a fazer da diferença a soma de forças. A autora finaliza de forma enfática ao apontar que:

> As ferramentas do senhor nunca vão desmantelar a casa-grande. Elas podem nos permitir temporariamente vencê-lo no seu próprio jogo, mas elas nunca nos permitirão trazer à tona mudança genuína. E esse fato só é uma ameaça àquelas mulheres que ainda definem a casa-grande como sua única fonte de suporte. O fracasso das feministas acadêmicas em reconhecer a diferença como uma força crucial é o fracasso em transcender a primeira lição patriarcal. Em nosso mundo, dividir e conquistar tem que se tornar definir e empoderar. Eu conclamo cada uma de nós aqui a mergulhar naquele lugar profundo de conhecimento dentro de si mesmo, e alcançar

o terror e a abominação a qualquer diferença que ali reside. Ver que face veste. Então o pessoal e o político podem começar a iluminar todas as nossas diferenças (LORDE, 1984, p. 2).

Nesse sentido, Butler (2003) aponta a importância de romper com a normatividade, ou seja, um padrão de gênero e corpo, como se ele fosse algo natural e não construído nas relações sociais. Essa compreensão crítica possibilita o término da segregação e modifica essa lógica que inferioriza e exclui pela própria ausência de reconhecimento e de legitimidade, aspecto este muito presente nas relações estabelecidas entre as estudantes universitárias.

Na busca desenfreada para atender um padrão de beleza apresentado como hegemônico, os estudantes se deparam com aspectos importantes. Wolf (1992) evidencia o mito da beleza, composto de sua poderosa indústria do *bodybuilding*, com a propagação da ideia de perfectibilidade corporal, gerando uma busca alucinada por um padrão inatingível de beleza. A mídia constrói um tipo de corpo artificial, modificado pela tecnologia que existe apenas no imaginário dos sujeitos. Toda essa relação necessita ser encarada de uma forma crítica e combatente (CURY, 2005).

Em contraposição a essa alienação, os estudantes criam resistências, são insubmissos, não aceitam a segregação, a separação, a falta de diálogo e a influência mercadológica do corpo, lutando no cotidiano acadêmico para promover a valorização das diferenças (MARTINS; ALTMANN, 2007).

6

(IN)SATISFAÇÃO COM A IC E SUA INFLUÊNCIA NA INTERAÇÃO E RENDIMENTO ACADÊMICO

A (des)construção da IC está sempre em movimento, apresenta-nos momentos de altos e baixos níveis de satisfação corporal, a depender de nossas experiências passadas e atuais, são nossas histórias de vida em circulação constante (TAVARES, 2003), por isso a utilização do conceito (in)satisfação, entendendo que esse processo é dinâmico e modificável a depender das experiências do ator social com seu corpo. Portanto, essa relação parece influenciar no processo de convivência com os colegas e professores, além de interferir no desempenho dos componentes pedagógicos e nos projetos de pesquisa e extensão da Universidade. Nessa direção, outro estudante afirma a importância de estar satisfeito com seu corpo:

> Se sentir bem você vai conseguir participar de qualquer atividade, seja no trabalho, na faculdade, em casa. É importante, acho que muita gente acaba se prendendo, ao não estar se sentindo bem, não busca melhoria, aí fica naquele meio termo, Ah eu não tô bem, mas não procura melhorar. Quando eu não tô bem eu procuro melhorar. É uma forma de me safar daquilo (ROBERTO, 2017).

O bem-estar biopsicossocial do estudante é essencial para o processo formativo e de convivência com os colegas, funcionários e professores, possibilitando melhores rendimentos nos componentes pedagógicos e na participação em outras atividades da universidade (CUNHA; CARRILHO, 2005). Diante disso, Martins *et al.* (2012) ressaltam a importância de ações que visem incentivar a adoção de um estilo de vida saudável, a fim de promover uma maior satisfação com a IC nesse segmento da população. Outro ponto observado está relacionado ao processo formativo, estudantes que se inserem em outros espaços para além da sala de aula parecem conseguir uma maior autonomia no seu dia a dia na universidade, além de um processo de afiliação em um tempo menor e com uma formação de maior excelência. Essa relação é notória, principalmente a partir do ingresso em grupos de pesquisa:

> Esses grupos instituem um pilar (educação científica, orientação/tutoria, rede de apoio) que sustenta a afiliação e a permanência do estudante na universidade. Baseada nas exposições dos sujeitos, bem como através da revisão bibliográfica, a iniciação científica aparece, para além das suas funções de produção, formação e disseminação de conhecimento científico, como um importante dispositivo institucional que auxilia no desenvolvimento de competências e posturas indispensáveis a estudantes de graduação, consequentemente colaborando na adaptação ao mundo acadêmico (SOUZA, 2016, p. 12).

Juci corrobora, ao afirmar a importância dessas vivências para seu crescimento intelectual a partir da inserção em grupos de pesquisa, além disso, cita que esses espaços são potencializadores do empoderamento:

> Quando você se sente satisfeita, como aquela questão que eu tinha falado antes do empoderamento, né? [...] então você começa a ter voz, você está bem consigo mesmo, você começa a tá bem em relação a tudo. Você tá bem em relação a seu conhecimento, em relação ao que você tem, então, anteriormente como eu tinha falado já em relação às pessoas falarem comigo e eu calar a boca, hoje em dia eu já tenho essa fala, então você falar, você ter aquela ideia que você pode responder uma prova, você pode responder um trabalho, você tem capacidade de escrever um artigo (JUCI, 2017).

De igual modo, Valdir e Mônica compreendem esse processo da satisfação com a IC como essencial para a melhora do rendimento, estar insatisfeito com seu corpo e com a autoestima baixa apresenta um efeito inverso, ou seja, acaba atrapalhando nessa interação e no rendimento acadêmico:

> Sim, sim, sim, é importante, na verdade estar bem com seu corpo, é também estar bem com seu psicológico. Se você não está bem com seu corpo influencia no seu psicológico e que também vai influenciar no seu rendimento de estudo, de concentração (VALDIR, 2017).

Ao questionar a Mônica se estar insatisfeita com o corpo atrapalhava no seu rendimento acadêmico, a estudante ressalta ser bastante impactada por essa questão:

> Acho que sim, quando você está bem consigo mesmo você também passa isso aos demais, então, você está insatisfeita com qualquer coisa, principalmente com seu corpo, você acaba passando para as pessoas que estão ao seu lado, então eu acho que influencia muito [...] Atrapalha, porque você fica ali pensando, fica o tempo todo ali pensando, você não consegue focar nos estudos, você fica pensando besteira, você acha que não tá bem e começa a fazer, a tomar coisas, tipo fazer uso de coisas que você nem sabe o que é pra poder ficar perfeita perante as pessoas, ao que os outros acham de você, atrapalha muito (MÔNICA, 2017).

Portanto, a academia tem um papel essencial ao aderir à proposta das universidades promotoras da saúde. Investir nessa vertente é necessário e importante para tornar a Universidade um espaço potencializador de bem-estar e prazer, "visto que ela pode influenciar na qualidade de vida de seus membros e da comunidade externa, contribuindo para o conhecimento e o reforço da cidadania" (MELLO; MOYSES; MOYSÉS, 2010, p. 685).

Universidades Promotoras de Saúde integram o comprometimento com a sociedade, em seu amplo aspecto, nas políticas e práticas universitárias, possuem potencial para contribuir com a saúde em três áreas distintas: criando ambientes de trabalho, aprendizagem e vivências saudáveis para estudantes e funcionários; ampliando a importância da saúde, promoção da saúde e da saúde pública no ensino e na pesquisa; e desenvolvendo alianças e parcerias para a promoção da saúde e atuação comunitária (MELLO; MOYSES; MOYSÉS, 2010).

Outro aspecto observado no estudo aponta as microfísicas do poder no cotidiano universitário (FOUCAULT, 2002), de forma sutil e velada os sujeitos constroem suas relações de prestígio. Dentre as formas de poder constituído e sutil, as "brincadeiras foram bastante evidentes", aparentemente inofensivas, mas na sua essência são estratégias minuciosas de inferiorizar, estigmatizar e manter o status quo (situação atual) (COLETIVO DE AUTORES, 1992). Essa problemática fica explícita:

> Sempre tem aquelas rodas de conversas que você acaba criticando o colega, talvez por brincadeira, ou um fundo de verdade. Ou você vê determinada pessoa e pô aquele cara ali, então, acaba que sempre rola isso. É meio complicado desconstruir isso, o ser humano é crítico, eu sou muito crítico. Eu me considero uma pessoa muito crítica. Às vezes positiva e negativa então você acaba falando de uma pessoa. Você acaba assim como as pessoas falam de você, então é uma mão dupla. A sociedade acaba lhe transformando nisso. Os meios que você vive acabam adquirindo esses costumes. Esses maus costumes (ROBERTO, 2017).

De igual modo, a brincadeira parece naturalizar-se nos diferentes espaços universitários, essa estratégia na maioria das vezes acaba constrangendo e interferindo no rendimento acadêmico e na interação com os colegas. O ato de brincar com o corpo do outro, com as características físicas, mesmo que em muitos casos a intenção não seja de afetar negativamente, geralmente acaba causando momentos de sofrimento para quem é vítima, principalmente se ele for feito de um grupo para uma pessoa:

> Como eu lhe disse em relação a preconceito não, talvez tenha aquela parte da brincadeira, né? Talvez, não sei se a brincadeira acaba influenciando pro lado errado. Pelo que eu pude perceber a brincadeira, a pessoa, até ele mesmo já fazia com seu próprio corpo, mas nada que eu ache que esteja influenciando no rendimento dele (VALDIR, 2017).

Ao questioná-lo se não notava nenhum desconforto por parte de seu colega, mesmo sendo "brincadeira", o estudante afirma que nesse processo a própria vítima entrava no "jogo", no entanto, o constrangimento é evidenciado.

> Não, que ele mesmo também entrava na brincadeira, gostava na brincadeira, fazia a própria brincadeira do próprio corpo dele também, né? Então no momento de descontração ali da brincadeira, ele também brincava, falava que era gordinho, num sei o que e tal, então, não via nenhum sentimento dele dessa mudança (VALDIR, 2017).

Ao observarmos com profundidade esse trecho, a brincadeira carregada de um suposto sentimento de inofensividade acaba funcionando como uma estratégia de afetar a autoestima dos estudantes nessa construção do corpo. Apontar o outro como inferior ou fora do padrão de beleza configura um ato que carrega no seu íntimo um sentido e uma intencionalidade bem definida. Mônica evidencia essa preocupação ao ser questionada se já se sentiu constrangida por alguma crítica proferida por alguma colega:

> É! Já, pelas pessoas ficarem assim falando, até aqui na universidade mesmo, ah você é magra, você tá mais magra. Ontem mesmo as meninas falaram, você tá mais magra não sei o que. O tempo todo fica sabe falando com piadas assim que diversas vezes é brincadeira, mas às vezes acaba sendo sério. Eles falam realmente assim, você tá muito magra, quando eu vou pra casa mesmo as pessoas "Ah, emagreceu mais, "umbora" botar mais um corpo, não sei o quê (MÔNICA, 2017).

É preocupante observar o quanto esse tipo de brincadeira incomoda essa estudante. Por mais que as pessoas que a praticam tenham intencionalidades diversas, em muitas situações acabam por afetá-la, esse processo de repetição e cobrança por mudanças de suas características físicas gera um sofrimento constante. Nesse contexto, Goffman (2004), com o conceito de estigma, ajuda-nos a compreender essa dinâmica, ao afirmar fatores fundamentais envolvendo um tipo especial de relação entre atributo e estereótipo. Primeiro, define-se um fator "anormal", depois enquadra aquela característica como inferior e que se deve manter um afastamento. Durante o contato misto (estigmatizados e normais), é bem provável que o indivíduo estigmatizado sinta que está em exibição. As diversas formas de brincar e a tentativa de a todo custo afirmar uma característica física como anormal configuram esse aspecto de impedir uma relação harmoniosa e saudável do estudante com seu corpo. Esta construção do "eu" com o mundo social, do interjogo constante entre o que vejo no espelho e os anseios da sociedade objetiva criar oscilações que dificultam a aceitação do próprio corpo.

Portanto, as repetições de brincadeiras no ambiente universitário devem estar permeadas de reflexões profundas, pois fica evidenciado que não se trata de uma relação imparcial e inofensiva, mas carregada de sentidos, que é utilizada como estratégia para manter os preconceitos e alimentar as desigualdades e discriminação. Um olhar mais atento e uma vigilância constante são ferramentas essenciais na formação de uma universidade com mais equidade e de valorização das múltiplas belezas.

7

O PROTAGONISMO (ETNOMETODOLOGIA) DOS CORPOS

Os estudantes universitários, nas interações com seu corpo e com o corpo do outro, demonstram que não são "idiotas culturais", antes eles apresentam suas intencionalidades no fazer cotidiano (GARFINKEL, 1967 *apud* COULON, 1995). Nessa problemática de corpo e (des)construção da IC, o que por aqui apresentamos de diferente nos achados é a utilização de estratégias de valorização do corpo. Na fala da discente fica evidente seu senso crítico diante da busca incessante por um corpo dentro dos padrões de beleza, nesse sentido, ela entende como o mecanismo impositivo funciona:

> O bonito é relativo. É complicado porque eu acho que o bonito é o que é imposto pela sociedade, as pessoas impõem: Ah, o bonito é isso, tipo homem é assim alto, são os padrões que a sociedade impõe, sei lá eu não tenho essa coisa de bonito (MÔNICA, 2017).

Diante disso, Foucault (2002) aponta a necessidade dos "efeitos de contra poder", ou seja, a capacidade de luta contra um padrão hegemônico, da quebra de paradigmas construídos e alicerçados sobre uma base de consumo e poder, a genealogia de saberes construídos nos sujeitos e nos grupos na universidade cria esse alicerce forte na luta da valorização das diferentes construções de beleza. Ficam evidentes esses novos modos de entender o corpo e a construção positiva da IC na fala de uma universitária:

> Eu me sinto melhor com meu corpo, porque tive conhecimentos nele, eu procurei, encontrei caminhos que me fizeram gostar de mim mesmo. E também quando você entra na universidade as pessoas

já ficam com um olhar pra você, agora eu sou a menina negra que está fazendo alguma coisa da vida (JUCI, 2017).

Além disso, é notória a importância da construção de uma rede de solidariedade ao longo do percurso acadêmico, empoderando-se e estando ciente de que sua força intimida comentários e atitudes discriminatórias no espaço acadêmico. Esses encontros de caminhos dizem muito do percurso de cada estudante. Diante disso, os estudos sobre permanência simbólica e material, segundo Reis (2009), compreendem dois modos distintos, sendo que o primeiro aponta as condições de subsistência do estudante, o segundo, o sentimento de pertencimento e aceitação do discente no espaço universitário. Esses aspectos muito influenciam no caminho e nas formas de enfrentar os desafios e criar etnométodos de prazer e satisfação com o corpo.

Outra dimensão importante nesse movimento constante com o corpo e do processo de (des)construção da IC vai ao encontro do conceito de Insubmissão. Martins e Altmann (2007) afirmam que, ao potencializar dimensões mais criativas e críticas, possibilita o rompimento da visão mercadológica e consumista do corpo. Os estudantes mencionam esse constante processo de luta contra o movimento hegemônico de um padrão de beleza, ao mesmo modo, reconhecem a importância da universidade:

> A nossa universidade (UFRB-CFP) busca essa diferenciação, essa diversidade, acho que tem muito isso de diversidade, seja pobre, seja preto, seja gordo, magro. Na sociedade a gente ainda sofre muito disso, e acho que ainda a gente vai sofrer por muitas décadas. Porque é uma coisa que vem de cima e as pessoas ainda acompanham muito a mídia, a televisão, principalmente, as emissoras principais, então não é trabalhado isso [...] Depois da universidade você acaba tendo um pensamento diferente em relação a tudo. Principalmente essa questão da diversidade, do corpo, da estética, da beleza. Então, a beleza é muito relativa. O que é bonito pra você

não vai ser bonito pra mim. Têm pessoas que não é tão bonita visualmente, esteticamente, mas a conversa com a pessoa a torna mais bonita do que outra pessoa bonita que seja fútil, ou que seja arrogante, chato de conversar. Então, a universidade, ela vai na contramão da sociedade sim (ROBERTO, 2017).

No entanto, da mesma forma que a universidade potencializa o respeito à diversidade e à construção positiva do corpo, ela perpetuou um modelo histórico de acesso a uma minoria privilegiada da classe burguesa (ricos e brancos) de nossa sociedade. Para uma parte desse grupo abastado, se deparar com a inserção de novos estudantes e de realidades completamente diferentes (a partir das políticas de reparação educacional, promulgadas nos últimos 20 anos) soou como uma ameaça aos seus privilégios, ou seja, o que o Coletivo de Autores (1992) vai chamar de manutenção do status quo.

Nesse aspecto, Goffman (2004) aponta o conceito de estigma imposto que, são características depreciativas direcionadas a uma pessoa ou um grupo acerca de suas características físicas, origem, raça e toda forma de enquadramento de um indivíduo em uma classificação de inferior e menor. Diante disso, dentre vários caminhos, dois merecem destaque nessa discussão, um grupo de estudantes assume a postura de vítima, se escondendo atrás do atributo depreciado, já o outro busca superação das barreiras impostas pelo estigma, tendendo a dominar áreas consideradas inacessíveis a pessoas com seu atributo. Os discentes sinalizam esse movimento constante do corpo pensante, crítico e criativo, capaz de construir estratégias sólidas para burlar, modificar e inverter a lógica de um padrão ideal de beleza.

Portanto, essa visão etnometodológica do corpo surge para comprovar que nas microrrelações os estudantes utilizam de movimentos de contrapoder, ou de reativação dos saberes locais; nesse sentido o conceito vem para afirmar que é nessas relações, na esfera mais imbricada da sociedade e do espaço universitário, que as transformações acontecem. Nesse trânsito, o protagonismo é notado no cotidiano universitário no que se refere à (des)construção da IC.

Em outro movimento do corpo pensante, constata-se o empoderamento, conceito bastante presente nas discussões de promoção da saúde. Alguns aspectos são importantes destacar, o empoderamento psicológico, que diz muito da tomada de consciência do indivíduo e da busca de seus direitos na sociedade e o empoderamento comunitário, observado a partir da mobilização grupal em ações que são tomadas a fim de melhorar o ambiente que se vive (CARVALHO, 2004).

Portanto, no espaço acadêmico torna-se vital a busca pela autonomia do estudante durante seu itinerário formativo, por meio de vivências diversificadas nos diferentes espaços universitários, englobando projetos de pesquisa, extensão, monitoria, eventos, disciplinas optativas, entre outros, bem como as alianças e articulações que são organizadas para formação de grupos que demandam por melhorias do bem comum. Juci vem colaborar com essa questão, ao mencionar a importância que a universidade traz no seu processo de formação:

> Hoje eu me acho linda e maravilhosa. O meu corpo, ele começou a se construir aos poucos, então, de um ano pra cá, eu já me vi de outra forma do que eu me via antes. Hoje eu já me sinto melhor em vestir roupas, em vestir short curto, em vestir blusa. Eu sempre tive muita dificuldade em relação com meu peito, por exemplo, entendeu? Por conta de não ter peito, essa coisa toda. Então, eu sempre senti dificuldade em ficar sem sutiã de bojo, em ficar vindo pra universidade com roupas curtas, todas essas relações eu tive muitas dificuldades há um ano atrás, mas, agora eu me sinto muito bem com ele, eu já tenho uma autoestima elevada, apesar de tudo. Então, eu tô no Programa de Educação Tutorial (PET) há quase três anos, logo no início que eu entrei no projeto não foi uma mudança muito radical, não foi aquela mudança que você sente logo a partir que você entra no PET, então, entrei no projeto de pesquisa em 2013 e a partir desse dia que eu entrei no projeto a gente já vai começando a ter esse conhecimento, todo esse conhecimento (JUCI, 2017).

Além disso, estar ciente de seus direitos é essencial, ainda mais no espaço universitário, em que existe uma correlação de forças e de "hegemonia dos corpos", o padrão de beleza observado no espaço acadêmico se configura como o branco, forte, cabelos lisos etc. Para romper com essa concepção cotidiana, os estudantes que estão à margem desse padrão predominante devem se organizar em redes de fortalecimento, grupos de estudos, projetos de extensão, espaços de solidariedade, diretórios acadêmicos, grupos constituídos e demais movimentações que fortalecem os mais vulneráveis (REIS, 2012).

Apesar dos vários desafios que o ensino superior apresenta em relação ao corpo e a (des)construção da IC, os estudantes criam e recriam diversos etnométodos para viver o espaço acadêmico, em meio aos momentos turbulentos e repletos de conflitos, satisfação e insatisfação com a IC, em que estar na universidade é mais valioso que qualquer percalço no caminho. Na própria preleção dos acadêmicos é nítido esse encantamento com o novo (SOUZA, 2016). Nessas novas experiências vivenciadas no ensino superior, a estudante aponta a importância da abertura desses caminhos:

> Caminhos, eu acho que são esses caminhos para a descoberta, sabe? Tipo, eu antigamente achava que a universidade estava ali estagnada, tipo eu iria fazer a faculdade e depois iria pra sala de aula. Mas, hoje eu vejo que existem vários caminhos que eu posso ter. Eu posso estar na sala de aula, posso ir pro mestrado, posso sei lá fazer um doutorado, posso ir viajar pelo mundo, então a universidade abriu muito meus olhos pra ver o que eu posso fazer de minha vida. Que eu não sou só uma coisa que vai ficar parada, ou trabalhando no comércio, ou trabalhando com meus pais. Eu tenho possibilidades do mundo, então eu acho que a universidade é isso, é abrir os olhos (JUCI, 2017).

De igual modo, Mônica aponta a importância da aprovação, momento este sempre almejado. Independentemente da relação conflituosa que ela vem enfrentando em relação a seu corpo, no processo de aceitação de si, nesse período de um ano e meio, ao falar do prazer de estar na academia parece que todos os desafios se tornam menores diante da realização de um sonho dela e de sua família:

> Realização de um sonho, não só meu, né? A realização de um sonho de toda a minha família. Porque tá aqui era uma coisa assim, eu nem mensurava estar, em nem pensava em estar e foi uma coisa que eu tive que desistir de muitas coisas pra poder vim pra cá. Então, foi algo assim bem louco. Pra mim é algo que eu realmente queria e que de certa forma há muito tempo eu não tava conseguindo almejar e aí eu tive que realmente desistir pra poder conseguir. Então é muito bom! (MÔNICA, 2017).

Valdir e Roberto partem para a valorização do conhecimento e do futuro, aspectos estes imprescindíveis na estimulação da crítica aos padrões midiáticos de construção da beleza:

> Representa conhecimento, representa futuro, representa sabedoria, representa respeito (VALDIR, 2017).

> Busca do conhecimento, a progressão para o futuro, a progressão pessoal e profissional, então pensando a universidade representa pra mim futuramente uma profissão, um status social, um nível de conhecimento maior (ROBERTO, 2017).

Diante dessas trajetórias de vida, que entendem o espaço universitário como dinâmico, aberto para o novo e repleto de aventuras durante seu percurso (BUARQUE, 2000), surge a necessidade de juntar, somar forças, romper com a frieza da modernidade líquida. Essa dinâmica social onde nada é sólido gera sujeitos frágeis e reféns de suas relações superficiais (BAUMAN, 2004). Portanto, na universidade, espaço rico de diversidade, deve imperar o acolhimento, a aceitação das diferenças e a valorização dos diferentes tipos de beleza.

Dentre os vários etnométodos utilizados para sentir prazer com o corpo e construir uma IC positiva, destacamos que os estudantes criam, recriam e desconstroem sua IC, ora aceitando sua condição, em outros momentos buscando soluções para superar a insatisfação, seja por meio da atividade física, em especial nas academias, utilizando acessórios de beleza como maquiagens, roupas diversificadas, fortalecendo sua identidade em grupos pares ou ímpares na universidade.

Além disso, esse cotidiano universitário possibilita um percurso de idas e vindas, encontros e desencontros, satisfações e insatisfações, alegrias e tristezas. Reafirmando que, no processo de construção, os atores pensantes se desconstroem e se refazem diante das diferentes vivências e desafios com seu corpo e com o corpo do outro, possibilitando um percurso de experiências que fortalecem os laços enquanto sujeitos protagonistas de sua história.

8

CONSIDERAÇÕES FINAIS

Para que essa jornada pudesse ser grandiosa para você, nobre leitor (a), mergulhamos em um percurso de grandes aventuras nesta obra, trazendo aspectos da construção histórica da IC e do corpo, compreendendo as diferentes fases da história, desde a Grécia, Idade Média, Renascimento, Revolução Industrial, Modernidade e Pós-modernidade, mapeando como se deram as pesquisas na área, apresentando os principais estudos acerca da (in)satisfação com a IC em estudantes universitários nos últimos 20 anos. Tudo isso, para que você alcance uma visão integral do corpo e reflita sobre sua história e seu protagonismo no mundo.

Dentre os principais achados, notou-se que a insatisfação com a IC é evidenciada nos estudantes desde a educação básica, prolongando-se até o ensino superior. Entre as principais causas de constrangimento ao corpo, estão as críticas em relação às características físicas (orelha, cabelo, magreza, excesso de peso). Além disso, o racismo velado e suas problemáticas foram explicitados, principalmente no que se relaciona ao cabelo crespo e ao processo desafiador para que os estudantes aceitem sua identidade e se afirmem por meio do empoderamento do negro e de outros grupos identitários na universidade.

Além disso, parece existir uma relação conflituosa entre as estudantes universitárias em relação à crítica ao corpo da outra e a necessidade de articulação na busca de uma mudança nessa relação de influência patriarcal. Outro fator observado são as brincadeiras veladas, que acabam atingindo a autoestima e satisfação com o corpo dos acadêmicos. Foi possível observar que estar satisfeito com a IC contribui para o processo de interação com os colegas e para o rendimento acadêmico. Além disso, dois sentidos foram atribuídos pelos estudantes, no que se refere à influência que a universidade exerce/exerceu sobre a (des)construção da sua IC. Estar no ensino superior para uma parte dos investigados não alterou a visão em relação ao seu corpo, por outro lado, sentiram-se mais satisfeitos com sua IC em virtude das discussões vivenciadas no processo formativo durante o período da graduação.

Finalmente, observou-se que os acadêmicos constroem uma etnometodologia dos corpos. Ou seja, os estudantes a todo instante criam estratégias para se inserir na universidade, serem aceitos e respeitados nas suas singularidades, apropriando-se de modos de ser e fazer intencionalizados, que os colocam na condição de seres pensantes, reflexivos, críticos de suas realidades sociais e acadêmicas, sendo capazes de modificar, adaptar e refletir sobre seus itinerários formativos. Nesse movimento constante do sujeito com seu corpo, não sendo meros reprodutores de um padrão de beleza hegemônico, mas protagonistas de suas histórias e das (des)construções de seus corpos.

Ao trazer para o debate a construção da IC e seus reflexos na universidade, torna-se importante observar os percursos acadêmicos (COULON, 2008). Nesse sentido, compreende-se que a UFRB--CFP possui suas peculiaridades e diferenças em relação a outras universidades. Assim, como o processo universitário é conflituoso e modifica-se ao longo do período de permanência na graduação, a IC também se (re)constrói a todo o momento, inclusive ela se modifica conforme as experiências do sujeito ao longo de sua vida (TAVARES, 2003). Por isso, cabe destacar que hoje as universidades não possuem as mesmas características que no passado, essa nova diversidade de estudantes oriundos das cotas que adentraram o ensino superior traz com ela desafios em vários aspectos, dentre eles, a relação com o seu corpo, pois com eles, vêm suas histórias e resistências e um olhar crítico nesse sentido é importante para a garantia de direitos durante a formação acadêmica

Portanto, ao mesmo tempo em que estamos em um espaço privilegiado de poder-saber e construímos etnométodos de nossos corpos (FOUCAULT, 2002), somos submetidos a padrões impostos culturalmente que, em muitos casos, acabam ocasionando uma insatisfação que eleva seus níveis na graduação. Para romper com esse ciclo, os estudantes devem conseguir estar-permanecer no espaço acadêmico de forma a lhes ser possibilitada qualificação nos seus múltiplos sentidos, desde condições financeiras, criação de ciclos de amizade, acesso a espaços de cultura, esporte e lazer e experiências que possibilitem o aumento do intelecto artístico. Ser reconhecido, ser visto pelo outro é a condição de existência simbólica, eu só existo se o outro me reconhece. E se o outro me reconhece como legítimo, aumentam as minhas chances de fazer parte, de estar junto, me sentir satisfeito (REIS, 2012).

Portanto romper com as barreiras hegemônicas do que é belo torna-se essencial, visto que é necessário um olhar mais atento das universidades em possibilitar a valorização de diferentes identidades e que as mesmas sejam capazes de se firmar e se mostrar, servindo a diferença não para inferiorizar, mas para agregar, transformar, empoderar e compartilhar a vida e as singularidades que são vivenciadas em cada corpo.

Retomando o objetivo inicial deste livro, de analisar como o corpo é (des)construído no cotidiano universitário da UFRB-CFP, nota-se que o espaço acadêmico, repleto de novas percepções de vida e de referências de corpo e identidade, transforma o modo de ser e estar dos sujeitos. Parece que isso acontece devido à interdisciplinaridade que gira em torno da IC, "ela não é estanque e nem isolada, mas se modifica conforme as experiências vão sendo vivenciadas" (TAVARES, 2003, p. 36). Associar percurso acadêmico com processos de (des)construção da IC torna-se necessário, principalmente porque esse local nos seus diferentes estágios não vem dando conta de modificar o quadro de insatisfação entre os acadêmicos.

Diante disso, a IC, construto multifatorial que abrange aspectos sociais, biológicos, psicológicos e culturais, deve continuar suscitando discussões, pois políticas de promoção da saúde voltadas a esse público, a fim de estimular a valorização das multirreferencialidades de beleza são necessárias. Além da urgência de uma maior visibilidade das pesquisas qualitativas nessa área, objetivando estimular novos caminhos e respostas acerca dessa problemática que, devido às suas proporções, já se tornou um caso de saúde pública.

Ao chegarmos até aqui, muitos diálogos foram feitos (autores, estudantes e pesquisadores), entrelaçando-se as concepções e história de vida dos atores sociais. Esse processo denso e instigante foi importante para a obtenção das reflexões aqui apresentadas, não encerrando essa problemática com um fim, mas com a abertura de novos questionamentos e possibilidades de outros olhares acerca desse universo do corpo e da IC em estudantes universitários.

REFERÊNCIAS

ADAMS, G. R. Physical Attractiveness Research: toward a Development Social Psychology of Beauty. **Human development**, Utah, v. 20, p. 217-239, 1977.

AERTS, D. R. G. C.; CHINAZZO, H; SANTOS, J. A. M.; OSEROW, N. Percepção da imagem corporal de adolescentes escolares brancas e não brancas de escolas públicas do município de Gravataí, estado do Rio Grande do Sul, Brasil. **Epidemiologia e Serviços de Saúde**, v. 20, p. 363-372, 2011.

ALMEIDA, G. A. N.; SANTOS, J. E.; PASIAN, S. R.; LOUREIRO, S. R. Percepção de tamanho e forma corporal de mulheres: estudo exploratório. **Psicologia em Estudo**, Maringá, v. 10, n. 1, p. 27-35, 2005.

AL SABBAH, H.; VERERCKEN, C. A.; ELGAR, F. J.; NANSEL, T.; AASVEE, K.; ABDEEN, Z.; OJALA, K.; AHLUWALIA, N.; MAES, L. Body weight dissatisfaction and communication with parents among adolescents in 24 countries: international cross-sectional survey. **BMC PublicHealth**, v. 52, n. 9, 2009.

ALVARENGA, A. T.; PHILIPPI Jr., A.; SOMMERMAN, A.; ALVAREZ, A. M. S.; FERNANDES, V. Histórico, fundamentos filosóficos e teórico-metodológicos da interdisciplinaridade. *In:* PHILIPPI Jr., A.; SILVA NETO, A. (org.). **Interdisciplinaridade em Ciência, Tecnologia & Inovação**. São Paulo: Manole, v. 1, p. 3-68, 2011.

ALVES, E. Prevalência de sintomas de anorexia nervosa e insatisfação com a imagem corporal em adolescentes do sexo feminino do Município de Florianópolis, Santa Catarina, Brasil. **Cadernos de Saúde Pública**, Rio de Janeiro, v. 24, n. 3, p. 503-512, 2008.

BARROS, D. D. Imagem corporal: a descoberta de si mesmo. **História, Ciências, Saúde**, Manguinhos, v. 12, n. 2, p. 547-554, 2005.

BAUMAN, Z. **Amor Líquido**: Sobre a fragilidade dos laços humanos. Rio de Janeiro: Jorge Zahar, 2004.

BAUER, M.W; GASKELL, G. **Pesquisa qualitativa com texto, imagem e som**: Um manual prático. Tradução de GUARESCHI, P, A. 7. ed. Petrópolis, RJ: Vozes, 2011.

BOSI, M. L. M.; LUIZ, R. R.; UCHIMURA, K. Y. ; OLIVEIRA, F. P. Comportamento Alimentar e Imagem Corporal entre estudantes de educação física. **Jornal Brasileiro de Psiquiatria**, Rio de Janeiro, v. 57, n. 01, p. 28-33. 2008.

BUARQUE, C. R. C. **A Aventura da Universidade**. 2. ed. Rio de Janeiro: Paz e Terra, 2000. 239 p.

BUTLER, J. P. **Problemas de gênero:** feminismo e subversão da identidade. Tradução de AGUIAR, Renato. Estudos Feministas, Rio de Janeiro: Civilização Brasileira, 2003. 236 p.

CARVALHO, P. H. B.; FILGUEIRAS, J. F.; NEVES, C. M.; COELHO, F. D.; FERREIRA, M. E. C. Checagem corporal, atitude alimentar inadequada e insatisfação com a imagem corporal de jovens universitários. **Jornal Brasileiro de Psiquiatria**, Rio de Janeiro, v. 62, n. 2, p. 108-114, 2013.

CARVALHO, S. R. Os múltiplos sentidos da categoria "empowerment" no projeto de Promoção à Saúde. **Cad. Saúde Pública**, Rio de Janeiro, v. 20, n. 4, 2004.

CASH, T. F.; PRUZINSKY, T. **Body images:** development, deviance and change. New York: The Guilford Press, 1990.

COLETIVO DE AUTORES. **Metodologia do ensino de educação física**. São Paulo: Cortez, 1992.

COQUEIRO, R. S.; PETROSKI, E. L.; PELEGRINI, A.; BARBOSA, A. R. Insatisfação com a imagem corporal: avaliação comparativa da associação com estado nutricional em universitários. **Revista de Psiquiatria do Rio Grande do Sul**, v. 30, n. 01, p. 31-38, 2008.

CORBIN, A.; COURTINE, J.J.; VIGARELLO, G. **A história do corpo:** Da Renascença às luzes. Tradução de ORTH, L. M. E. Revisão: ALVES, E. F. 4. ed. Petrópolis, RJ: Vozes, 2010. 616 p.

COULON, A. **Etnometodologia**. Tradução de ALVES, E. F. Petrópolis: Vozes, 1995.

COULON, Alain. **A Condição de estudante:** a entrada na vida universitária. Salvador: EDUFBA, 2008.

CUNHA, S. M; CARRILHO, D.M. O processo de adaptação ao ensino superior e o rendimento acadêmico. **Psicol. esc. Educ**, Campinas, v. 9, n. 2, p. 215-224, dez. 2005.

CURY. A. J. **A ditadura da beleza e a revolução das mulheres**. Rio de Janeiro: Sextante, 2005.

ELIAS, N.; SCOTSON, J. L. **Os estabelecidos e os outsiders**. Tradução de VIEIRA, V. Rio de Janeiro: Jorge Zahar Editor Ltda, 2000.

FERRARI, E. P; SILVA, D. A. S.; PETROSKI, E. L. Associação entre percepção da imagem corporal e estágios de mudança de comportamento em acadêmicos de Educação Física. **Revista Brasileira de Cineantropometria e Desempenho Humano**, Florianópolis, v. 14, n. 5, p. 535-544, 2012.

FOUCAULT, M. **Microfísica do poder**. 16. ed. Rio de Janeiro: Graal, 2002.

GIL, A. C. **Métodos e técnicas da pesquisa social**. 6. ed. São Paulo: Atlas, 2008.

GOFFMAN. E. **Estigma:** Notas sobre a manipulação da identidade deteriorada. Tradução de LAMBERT, M. 4. ed. São Paulo: LTC, 2004.

GOLDMAN, M. Os Tambores dos Mortos e os Tambores dos Vivos. Etnografia, Antropologia e Política em Ilhéus, Bahia. **Revista de Antropologia (São Paulo)**, São Paulo, v. 46, n. 2, p. 445-476, 2003.

GOMES, N. L. **Sem perder a raiz:** corpo e cabelo como símbolos da identidade negra. Belo Horizonte: Autêntica, 2006.

GOMES, N. L. Trajetórias escolares, corpo negro e cabelo crespo: reprodução de estereótipos ou ressignificação cultural?. *In:* UNESCO; MEC; ANPED. (org.). **Educação como exercício de diversidade**. Brasília: UNESCO, MEC/SECAD, ANPED, 2002.

GOMES, N. L. Educação, identidade negra e formação de professores/as: um olhar sobre o corpo negro e o cabelo crespo. **Educação e Pesquisa (USP)**, São Paulo, v. 29, n. 1, p. 167-182, 2003.

GONÇALVES, A. **Diferenças de estilos de vida entre populações jovens de meio rural (Boticas) e de meio urbano (Braga):** Análise de concepções de valores e de práticas. Dissertação (Mestrado em Estudos de Criança - Promoção da Saúde e do Meio Ambiente). Universidade de Minho-Braga. Portugal, 2004. 162 f.

GONCALVES, T. D.; BARBOSA, M. P.; ROSA, L. C. L.; RODRIGUES, A. M. Comportamento anoréxico e percepção corporal em universitários. **Jornal Brasileiro de Psiquiatria**, Rio de Janeiro, v. 57, n. 3, p. 166-170, 2008.

KAKESHITA, I. S.; ALMEIDA, S. S. Relação entre índice de massa corporal e a percepção da auto-imagem em universitários. **Revista de Saúde Pública**, São Paulo, v. 40, n. 3, p. 497-504, 2006.

KANNO, P. S.; CUSTODIO, M. R. M.; MELO, G. F.; GIAVONI, A. Discrepâncias na imagem corporal e na dieta de obesos. **Revista de Nutrição**, Campinas, v. 21, n. 4, p. 424-430, 2008.

KAUFMANN, J. C. **A entrevista compreensiva:** Um guia para pesquisa de campo. Tradução de FLORENCIO, L.A.T. Rio de Janeiro: Vozes, Maceió, AL: Edufal, 2013.

KUNZ, E. Ministério da Saúde adverte: Viver é Prejudicial à Saúde. *In*: BAGRICHEVSKY, M.; ESTEVÃO, A.; PALMA, A. (org.). **A Saúde em Debate na Educação Física**. Volume 3. Bahia: Editus, 2007. p. 173-186.

LORDE, A. As Ferramentas do Mestre Nunca Desmantelarão a Casa do Mestre. *In:* **Irmã estranha:** ensaios e discursos. Nova Iorque: The Crossing Press Feminist Series, 1984. p. 110-113.

LÜDORF, S. M. A. Concepções de corpo na graduação em educação física: um estudo preliminar com professores. **Revista Digital.** Buenos Aires - Año 9 – n. 66 - Noviembre de 2003. Disponível em: http://www.efdeportes.com/efd66/corpo.htm. Acesso em: 20 abr. 2017.

MARTINS, C. J.; ALTMANN, H. A construção histórica de ideais de corpos masculinos e femininos. *In:* BAGRICHEVSKY, M.; ESTEVAO, A.; PALMA, A. (org.). **A Saúde em Debate na Educação Física.** Volume 3. Bahia: Editus, 2007. p. 23-38.

MARTINS, C. R.; GORDIA, A. P.; SILVA, D. A. S.; QUADROS, T. M. B.; FERRARI, E. P.; TEIXEIRA, D. M.; PETROSKI, E. L. Insatisfação com a imagem corporal e fatores associados em universitários. **Estudos de Psicologia**, v. 17, n.º 02, p. 241-246, 2012.

MARTINELI, T. A. P.; MILESKI, K. G. Concepções de 'corpo' na educação física: apontamentos históricos. *In:* **Anais**[...] Caxias do Sul: IX Seminário de Pesquisa em Educação da Região Sul, 2012.

MELLO, A. L. S. F.; MOYSÉS, S. T.; MOYSÉS, S. J. A universidade promotora de saúde e as mudanças na formação profissional. **Interface**, Botucatu, v. 14, n. 34, p. 683-692, 2010.

MIRANDA, V. P. N.; TEIXEIRA, P. C.; FILGUEIRAS, J. F.; NEVES, C. M.; FERREIRA, M. E. C. Insatisfação corporal em universitários de diferentes áreas de conhecimento. **Jornal Brasileiro de Psiquiatria**, Rio de Janeiro, v. 61, n. 01, p. 25-32, 2012.

FACULDADE DE FILOSOFIA E CIÊNCIAS HUMANAS. **Mito de Narciso**: a fonte da vaidade. Minas Gerais: UFMG, s/d. Disponível em: http://www.fafich.ufmg.br/~labfil/mito_filosofia_arquivos/narciso.pdf. Acesso em: 07 maio 2017.

MORENO, B. S. ; POLATO, A. L. ; MACHADO, A. A. O aluno e seu corpo nas aulas de educação física: apontamentos para uma reflexão sobre a vergonha e a mídia. **Movimento & Percepção (Online)**, Espirito Santo de Pinhal, v. 6, n. 8, p. 85-104, 2006.

MORIN. E. **A Cabeça Bem-Feita:** repensar a reforma, reformar o pensamento. Tradução de JACOBINA, E. 8. ed. Rio de Janeiro: Bertrand Brasil, 2003.

MUNANGA, K. Negritude e Identidade negra ou afrodescendentes: um racismo ao avesso? *In:* **Anais**[...] I Seminário Municipal de Formação de Professores para Relações Étnico-Raciais. Ouro Preto, 2012.

NETO. P. P.; CAPONI, S. Medicalização da Aparência: os curiosos arranjos de um discurso científico da beleza. *In*: BAGRICHEVSKY, Marcos; ESTEVÃO, A.; PALMA, A. (org.). **A Saúde em Debate na Educação Física**. Volume 3. Ilhéus, BA: Editus, 2007, p. 105-120.

PELEGRINI, A.; PETROSKI, E. L. Antropometria e Imagem Corporal. *In*: PETROSKI, E. L.; CÂNDIDO, S. P. N.; GLANER, M. F. **Biométrica**. Jundiaí: Fontoura, 2010. p. 167-182.

QUADROS, T. M. B.; GORDIA, A. P.; MARTINS, C. R.; SILVA, D. A. S.; FERRARI, E. P.; PETROSKI, E. L. Imagem corporal em universitários: associação com estado nutricional e sexo. **Motriz**, Rio Claro, v. 16, n.º 1, p.78-85, 2010.

REIS. D. B. R. Cotas e Estratégias de Permanência no Ensino Superior. *In:* TENÓRIO, R. M.; VIEIRA, M. (org.). **Avaliação e Sociedade**: a negociação como caminho. v. 1. Salvador: EDUFBA, 2009. p. 11-304.

REIS. D. B. R. CONTINUAR OU DESISTIR? Reflexões sobre as condições de permanência de estudantes negr@s na UFRB. *In*: SAMPAIO, S. M. R.; GONÇALVES, G. (org.). **Observatório da Vida Estudantil:** Estudos sobre a vida e cultura universitárias. v. 1. Salvador: Edufba, 2012. p. 1-269.

RIBEIRO, A. R. N.; GORDIA, A. P. ; QUADROS, T. M. B. Estudo de acompanhamento da imagem corporal de universitários durante os dois primeiros anos de graduação. **Lecturas Educación Física y Deportes (Buenos Aires)**, v. 20, p. 1-6, 2016.

RIBEIRO, A. R. N.; SANTOS, E. S.; REIS, D. B. Espelho, Espelho Meu: uma análise da percepção da imagem corporal em estudantes de uma Escola do Município de Amargosa/BA. *In*: **Anais[...]** XIX Encontro Nacional de Grupos PET. Rio Grande do Sul: UFSM, 2014. p. 1-5.

RIBEIRO, P. R. L.; TAVARES, M. C. G. C. F; CAETANO, A. S. Contribuições de Fisher para a compreensão do desenvolvimento da percepção corporal. **Psico-USF**, Itatiba, v. 17, n. 03, p. 379-386, 2012.

RIVERO, C. M. L. Etnometodologia na pesquisa qualitativa em educação. **Impulso**, Piracicaba - SP, v. 09, p. 113 - 125, 30 nov. 1995.

SAMPAIO, S. M. R. **Observatório da Vida Estudantil:** Primeiros estudos. Salvador: Edufba, 2011.

SANTOS, G. G.; XAVIER, C. O.; BRITO, L. M. Itinerários de Jovens Universitários no Recôncavo da Bahia. *In*: **Anais**[...]. II Colóquio Internacional do Observatório da Vida Estudantil: Universidade, responsabilidade social e juventude, 2012.

SCHILDER, P. **A imagem do corpo:** as energias construtivas da psique. 3. ed. São Paulo: Martins Fontes, 1999.

SCHMIDT, M. F. R. A Europa Medieval. *In*: SCHMIDT, M. F. **Nova História Crítica**. v. 04. São Paulo: Nova Geração, 2001. p. 20-34.

SCHMIDT, M. F. Revolução Industrial. *In*: SCHMIDT, M. F. **Nova História Crítica**. São Paulo: Nova Geração, 2008. p. 306-315.

SILVA, D. A. S.; NAHAS, M. V. S.; DEL DUCA, G. F. P. Prevalence and associated factors with body image dissatisfaction among adults in southern Brazil: a population-based study. **BodyImage**, v. 8, n. 04, p. 427-431, 2011.

SILVA, M. C. R.; VENDRAMINI, C. M. M. Autoconceito e Desempenho de Universitários na disciplina Estatística. **Psicologia Escolar e Educacional**, Campinas, v. 9, n. 02, p. 261-268, 2005.

SOUZA, G. K. A. **Pesquisa e afiliação estudantil:** a permanência de estudantes oriundos de escolas públicas na Universidade Federal do Recôncavo da Bahia. Programa de Pós-graduação em estudos interdisciplinares sobre a universidade. Dissertação (Mestrado em Educação) – Universidade Federal da Bahia (UFBA). Salvador, 2016.

STEPHAN, Y.; FOUQUEREAU, E.; FERNANDEZ, A. Body satisfaction and retirement satisfaction: the mediational role of subjective health. **Agingand Mental Health**, v. 12, n. 3, p. 374-381, 2008.

TAVARES, M. C. G. C. F. **Imagem Corporal** - Conceitos e Desenvolvimento. Barueri: Manole, 2003.

UBINHA, P. T.; CASSORLA, R. M. S. Narcisismo: polimorfismo das versões e das interpretações psicanalíticas do mito. **Estudos de Psicologia**, Campinas, v. 20, n. 03, p. 69-81, 2003.

VILLAÇA, N. M. S.; GÓES, F. **Em Nome do Corpo**. Rio de Janeiro: Rocco, 1998. 224 p.

WATKINS. G. J. **Alisando o meu cabelo**, Instituto da Mulher Negra. 2005. Disponível em: http://www.geledes.org.br/alisando-o-nosso-cabelo-por-bell-hooks/. Acesso em 30 abr. 2017.

WOLF, N. **O Mito da Beleza**: Como as Imagens de Beleza são usados Contra as Mulheres. Tradução de BARCELLOS, Waldea. Rio de Janeiro: Rocco, 1992.

ZAGO, N. Do acesso à permanência no ensino superior: percursos de estudantes universitários de camadas populares. **Revista Brasileira de Educação**, Campinas, v. 11, n. 32, p. 226-237, 2006.

VOCÊ É AUTOR (A) DE SUA HISTÓRIA?

COMO TEM SE RELACIONADO COM SEU CORPO?
ESCREVA, ESSE ESPAÇO É SEU

Como se sente atualmente   **O que pode fazer para se empoderar**

MAIS CONHECIMENTO EM NOSSOS CANAIS

@RABAIOLI

PODCAST- ALEX RABAIOLI COMENTA

COLUNISTA DO RECÔNCAVO NOTÍCIAS

MUITO MAIS QUE UM JOGO

ALEX RABAIOLI